GUÍA DE SUPERVIVENCIA PARA EL INMIGRANTE INDOCUMENTADO

incluyendo
DACA, TPS, Personas con una Visa Vencida

EN LA AMERICA DE TRUMP

Migration Research, LLC

AVISO LEGAL DE ASESORAMIENTO

Este libro se presenta únicamente con fines informativos. Los autores no lo ofrecen como asesoramiento legal, específico para un caso u otro servicio profesional. Si bien los autores utilizaron los mejores esfuerzos en la preparación de este libro, no hacen ninguna declaración o garantía de ningún tipo y no asumen ningún tipo de responsabilidad con respecto a la exactitud o integridad de los contenidos, y renuncian específicamente a cualquier garantía implícita para un propósito. Además, debido a que la información contenida en este documento se considera oportuna, parte o la totalidad de la misma está sujeta a cambios según los cambios en las leyes federales, estatales o locales. Los autores o editores no serán responsables ni serán responsables ante ninguna persona o entidad con respecto a cualquier pérdida o daño incidental o consecuente causado, o que se alegue que haya sido causado, directa o indirectamente, por la información aquí contenida. Los representantes de ventas o materiales de venta escritos no pueden crear ni extender garantías. Cada caso de inmigración es diferente, y los consejos y estrategias aquí contenidos pueden no ser adecuados para su situación. Debe buscar los servicios de un profesional competente sobre asesoramiento legal. Este libro no está asociado de ninguna manera con USCIS ni con ninguna agencia del gobierno de los Estados Unidos ni está asociado con ninguna de las organizaciones mencionadas en este documento.

ATENCIÓN:
LA INFORMACIÓN CONTENIDA EN ESTE LIBRO ES A PARTIR DE JUNIO DE 2018. ALGUNAS NORMAS Y LEYES PUEDEN CAMBIAR SIN PREVIO AVISO. HAREMOS NUESTRO MEJOR PARA ACTUALIZAR EL LIBRO.

Un agradecimiento especial a toda la información valiosa de los sitios web de inmigración y organizaciones de inmigración, incluido USCIS y el Departamento de Justicia de los Estados Unidos. Además, nos gustaría agradecer a **Chelsey Burden** por la edición y su implacable pasión; **Elliot Alford,** abogado, por su valioso aporte y apoyo en las cuestiones legales; **Margarita Quezada** y **Alejandra Becerra** por interminables horas de traducción y edición de la versión en español; **Sandra Saltrese-Miller,** abogada, por ponernos en el camino de la inmigración con su amor apasionado por la ley; **Brand M.**, abogado, por sus muchas ediciones sobre los derechos de los trabajadores; y las innumerables personas que conocimos a lo largo de este viaje de casi dos años, incluido Keyler Mejia y Dieter y Irmgard Wiesemeyer en Alemania.

Artista de la portada del libro: <u>Enrique Félix</u>, un artista de gran talento que reside en Tijuana, México - Nombre de la pintura: <u>Liberty in Crisis</u>

Investigado y escrito por Sabine y Andy Wiesemyer

Version: June 2018
1.0

ISBN-13: 978-1723386329
ISBN-10: 1723386324

Índice

PREFACIO

Bienvenido a los Estados Unidos! Los autores de este libro creen firmemente que usted al igual a los más de 11 millones de ciudadanos indocumentados del mundo que viven en los Estados Unidos, son vitales para el éxito económico del país. Los Estados Unidos están compuestos de emigrantes de todo país del mundo junto con millones de indígenas. Lo que edifico a este país fue la imaginación, arduo trabajo y dedicación a triunfar. Por lo tanto, habiendo dicho esto, no es una vida fácil y no hay garantías. Como persona indocumentada usted tiene aún menos garantías. Esperamos que este libro mejore sus posibilidades de que algún día usted sea documentado y realice sus sueños.

Hoy en día, en la era de Trump, la vida en los Estados Unidos como persona indocumentada puede ser aún más desafiante. Hay veces en que las leyes son aplicadas de diferentes maneras y las reglas cambian cuando un partido político toma el control. Bajo el Presidente Obama, Inmigración y Control de Aduanas conocido como ICE por sus siglas en inglés, se enfocaba en los criminales indocumentados, pero ahora bajo el Presidente Trump, algo tan sencillo como una infracción de tránsito o una luz trasera descompuesta pueden ser suficiente para que usted sea deportado, aunque su único error sea estar en este país sin documentos.

El gobierno de Trump ha hecho una promesa a sus apoyadores de que deportarían a tantas personas como le sean posibles. Él está haciendo todo en su poder para cambiar las reglas para complicarle la vida a usted. Trump también está limitando las maneras en las cuales usted pueda hacerse legal. Eso significa que cuan más rápido le sea posible legalizarse mejores serán sus posibilidades.

Algunas personas quieren ayudarle, otras quieren robarle y aun otros quieren deportarle. Usted tiene que estar preparado para cualquier cosa, aprenda a pasar desapercibido y esté atento. Ni la administración Trump ni sus pólizas duraran mucho tiempo. Queremos que usted aprenda a sobrevivir sin ser deportado antes de hacerse legal o hasta que Trump se vaya y las reglas de inmigración sean razonables.

Este libro no le puede, ni le dará consejería legal. Solo un a Experto en Inmigración puede hacer eso.

Los autores de este libro no son abogados ni se representan como tal. A través investigaciones extensas y experiencia directa, este libro fue escrito para ofrecerle ideas y puntos de importancia para hacerse legal. Diremos múltiples veces en este libro: **contrate a un abogado o a un represntante acreditado de inmigración (expertos en inmigración) para asistirle, solo de ellos puede recibir la consejería legal que necesita. Según estudios realizados, sus posibilidades de legalizarse al usar a un experto incrementa por un 70%.**

Como utilizar este libro

Este libro está diseñado para ayudarle a entender cómo hacerse legal y como vivir y trabajar en los Estados Unidos. Esta escrito de manera sencilla con lenguaje no jurídico, sin complicaciones para todos. Al final de este libro habrá más información útil.

En el principio le haremos preguntas acerca de cómo llego, cual ha sido su experiencia y sus acciones mientras ha estado aquí y cuales son sus posibilidades de hacerse documentado. También le va a enseñar lo que necesita saber para tener éxito con su aplicación migratoria.

Paso Uno: Lea cada sugerencia y encuentre la que mejor describa su experiencia al llegar aquí. Subrayalo y pasa al Capítulo Tres.

Paso Dos: En el Capítulo Tres, lea las secciones que apliquen más a usted. Es bueno revisar todas las secciones y asegurarse si más de una podrían aplicar a su situación. Haga notas de cada una que le pueda funcionar. Puede haber más de un camino posible.

Paso Tres: Lea el Capitulo Cuatro y cuidadosamente recuerde su experiencia en su país de origen (por si por asilo) Ponga atención a los detalles de lo que su historia debe contener para que su aplicación tenga éxito. O lo importante que es

Paso Cuatro: Lea el Capitulo Siete y cuidadosamente seleccione a un Experto en Inmigración que pueda ayudarle en su proceso.

NOTA: Si usted tiene TPS o DACCA, vaya al Capitulo Dos, lea lo que aplique a usted y luego vaya al Capitulo Tres para aprender lo que necesita hacer. Luego lea el Capitulo Siete y encuentre un buen Experto en Inmigración.

Este libro puede ser la línea de vida entre vivir en los Estado Unidos o ser deportado a su país de origen. Lo diseñamos para que pueda llevarlo con usted. Si lo llegan a detener, memorice las partes importantes ya que inmigración puede quitarle este libro.

Llega a saber los próximos símbolos gráficos:

Puntos importantes para pensar

Puntos importantes para memorizar

¡Ten cuidado! Esto podría ser peligroso

Tareas que debes hacer

ESTE PREPARADO Y SEPA QUE TIENE DERECHOS

Esta parte es un resumen de los puntos más importantes en este libro que debe recordar para sobrevivir en la América de Trump. Aunque no lea todo el libro completo, lea esta sección y sepa que hacer si es usted detenido por un oficial de policía local o por un agente de ICE (Inmigración y Control de Aduanas).

Ya sea usted un inmigrante documentado, no documentado, se quedó más de lo que la VISA le permitía, una mujer o un niño, una cosa que DEBE saber es que, todos tienen derechos en los Estados Unidos, incluyéndolo a usted. Es importante que exprese y proteja sus derechos y que tenga un plan por si algo le llegara a suceder a usted o a algún miembro de su familia.

Muchas personas leyendo este libro vienen de países donde hay un gobierno que no está bien establecido, donde la corrupción es común y hay poco respeto por sus ciudadanos. Habiendo sido abusados física, mental o emocionalmente por los líderes de su país, oficiales de policía o las pandillas puede ser la razón por la cual vinieron a los Estados Unidos. Aquí, las leyes son claras y es extremadamente importante saber que, si algún oficial o cualquier otra persona le causa algún daño físico, mental o trata de sobornarlo, ellos pueden ser arrestados y acusados de un crimen.

Un crimen en contra suya también puede ser una razón por la cual pueda recibir su residencia legal, si lo que le hicieron fue muy severo. (U-VISA)

En los Estados Unidos:
- ✓ La policía/ICE no pueden físicamente hacerle daño (al menos que usted se resista al arresto)
- ✓ La policía/ICE no puede sobornarlo o intercambiar favores con usted
- ✓ Usted no puede sobornar a alguien por algún favor
- ✓ La policía/ICE u oficiales públicos o aun algún abogado no tienen "conexiones especiales" que puedan ayudar con su caso, aunque eso le digan

Pero esté alerta, la policía/ICE intentaran engañarlo para obtener evidencia para deportarlo.

La corrupción en los Estados Unidos ocasionalmente sucede, y cuando suceda usted debe tener a alguien de su lado que conozca las leyes de inmigración que puedan ayudarle. No deje que ICE, la policía local o algún empleador trate de intimidarlo por que sea usted indocumentado. **Recuerde que usted tiene derechos.**

Si lo detienen, recuerde estar preparado.

El propósito de Trump es deportar a todos a los que le sean posible. Para ICE usted es solo un número y solo le importa deportarlo lo más pronto posible, aunque su vida éste en peligro. Una vez detenido lo presionaran para que firme su propia carta de deportación. Hacer eso, les hace la vida fácil y usted estará en el próximo autobús o avión de regreso a su país de origen. Si su vida estaría en peligro al regresar a su país, **NO FIRME Y SOLICITE ASILO.** Hágasele saber que le gustaría hablar con un abogado (Experto en Inmigración). Estudios realizados han encontrado que sus posibilidades de legalizarse son 70% más altas si acude a un Experto en Inmigración. **Si usted cree que tiene una razón legal para vivir en los Estados Unidos, no deje que le quiten ese**

derecho. Recuerde, si su única razón de estar en este país es económica (por una vida mejor), o porque quiere estar con su familia, y usa esas razones, inmigración lo deportara.

Abajo esta una lista de sus derechos y puntos que debe recordar mientras viva y trabaje como indocumentado en los Estados

Recuerda

Unidos. Lo que usted debe recordar:
1) **ICE o la policía llegan a tocar a su puerta: NO abra la puerta al menos que le puedan dar una orden firmada por un juez a través de una ventana o por debajo de la puerta.** NUNCA le de permiso a ICE de entrar en su casa. Una orden TIENE que tener su nombre correcto, su domicilio correcto y tiene que ser firmada por un juez. (este es uno de sus derechos). Recuerde que ICE le mentira y tendrán trucos. NO les crea y no les de información de su historial migratoria (solo deles su nombre) al menos que tengan una verdadera orden y no deje que lo intimiden. Si usted les deja entrar a su casa y hacen preguntas acerca de su ciudadanía, podrían arrestarlo. **SIEMPRE SEPA QUIEN ESTA DEL OTRO LADO DE LA PUERTA ANTES DE ABRIR.** Si los agentes de ICE tumban su puerta sin tener una verdadera orden, un buen abogado pude usar eso en contra de ellos y podría usted ser elegible para recibir dinero. Necesitaría fotografías, videos y documentación de lo ocurrido. **(Lea el Capitulo Seis, acerca de Ser Detenido)**

2) <u>**La policía se le acerca en la calle: De nuevo, no diga nada.**</u> No admita que es indocumentado, pero tampoco mienta. Al menos que este a **100 millas** de la línea fronteriza y exista razón para sospechar que usted está haciendo algo ilegal, nadie tiene derecho de preguntarle de donde es o si es ciudadano. Si alguien le

pregunta, no conteste la pregunta y pregúntele usted si está haciendo algo ilegal. Y, si de nuevo le pregunta, repita, **"¿hice algo ilegal?"** y luego diga **"me puedo ir ya?"** sigue haciendo las mismas preguntas. Tienen que dejarlo ir al menos que usted este haciendo algo contra la ley. Si le arrestan, usted pregunte cual es el motivo (usted tiene derecho de saber el motivo). **(Lea el Capitulo Seis, acerca de Ser Detenido)**

3) Si la policía lo arresta por alguna razón, guarde silencio excepto para decir: **Por favor sepa que he elegido ejercer mi derecho de permanecer callado y me rehusó a contestar sus preguntas. Solicito contactar a mi abogado de inmediato.** Pero, tampoco mienta diciendo que está aquí legalmente o que es ciudadano de los Estados Unidos. La razón es porque TODO lo que diga será usado en su contra en corte. El simple hecho de mentir les dará lo que necesitan para deportarlo. Si le preguntan de donde es, no les diga. No admita ni firme nada. Créanos, ellos intentaran hacerle hablar. Lo que ellos quieren es información que puedan usar en su contra para su deportación. Deles su nombre y diga que quiere a su abogado presente cuando conteste alguna pregunta o firme algún documento. RECUERDE, ESTOS SON SUS DERECHOS, HAGA USO DE ELLOS. **(Lea el *Capitulo Seis*, acerca de Ser Detenido)**

4) Cuando se es detenido por la policía local o por ICE, ICE tiene 48 horas para iniciar el proceso de deportación o la policía o ICE tendrán que dejarlo ir. En veces ICE puede detenerlo por periodos más largos al ponerlo en "detención" para darse más tiempo para formular su caso. **DE NINGUNA MANERA PUEDE ICE O LA POLICIA LOCAL DETENERLO POR MAS DE 72 HORAS SIN DARLE UN AVISO PARA PRESENTARSE (NTA: aviso para aparecer)**

5) **Siempre cargue con usted documentación que demuestre que ha estado en los Estados Unidos por lo menos por los últimos 2 años y papeles de Inmigración si es que está ya en un proceso.** Trump ha estado intentando aumentar las deportaciones aceleradas (deportación sin alguna defensa legal), y si usted no puede comprobar cuanto tiempo tiene aquí, le podrían deportar en cuestión de días después de su arresto. Si la policía le pregunta cuánto tiempo lleva en el país deles los comprobantes, un comprobante puede ser un talón de cheque, una factura o recibo con la fecha y su nombre. Si ya está en un proceso migratorio con su abogado, mantenga con usted una copia de la carta más reciente de parte de USCIS (Inmigración). aun lo podrán arrestar, pero no lo podrán deportar. NO LLEVE CON USTED IDENTIFICACIONES FALSAS TALES COMO UN NUMERO DE SEGURO SOCIAL FALSO O EL PASAPORTE DE SU PAIS. TAMPOCO LLEVE CON USTED DOCUMENTOS QUE TENGAN EL DOMICILIO DE SU CASA ACTUAL.

6) **Desarrolle un plan de respaldo familiar incluyendo una carta de Poder Legal:** El tener un plan le ahorrara problemas si es que usted o alguien en su familia es detenido o deportado. Mientras ha vivido aquí seguramente ha comprado artículos tales como su casa o su coche o si tiene familia con hijos que pueden o no ser ciudadanos. Si lo deportan, debería usted tener dinero ahorrado para cuando regrese a su país. Un notario o un abogado le puede ayudar a completar una carta de Poder Legal en la cual usted designa a alguien de confianza, quien podrá tomar decisiones y proteger

a sus hijos y sus pertenencias. Si usted es detenido, tenga a un Experto en Inmigración disponible que ya lo conozca a usted. Es esencial que tenga un plan preparado. (Lea el Capitulo Ocho acerca de estar preparado)

Recuerda

7) **Contrate a un abogado o Experto en Inmigración:** No espere otro momento. Debería tener por lo menos una consulta con un Experto en Inmigración para saber cuáles son sus posibilidades en hacerse legal y poder llamarles en caso de ser detenido. **Si ICE lo detiene y usted no tiene a quien llamar, encontrar a un Experto en Inmigración es muy difícil.** Recuerde que un notario no le puede ayudar en corte. Tiene que ser un abogado o un representante acreditado. Tiene que estar consiente que hay abogados malos, codiciosos y deshonestos. Asegúrese de encontrar abogado antes de necesitar uno. Lea el Capitulo Siete para aprender más.

8) **Aprenda a esconderse:** Es esencial que usted aprenda que no debe hacer que podría llamar la atención. Aprenda los trucos que ICE utiliza. En nuestra experiencia, trabajando con gente indocumentada, las ofensas más comunes son el conducir bajo la influencia del alcohol (DUI) y la violencia doméstica. En la América de Trump, estas pueden ser causa de detención y deportación. Pasar desapercibido disminuirá las posibilidades de ser notado y detenido. (lea el Capitulo Nueve acerca de cómo evadir a ICE)

9) **Mantenga todo documento legal, financiero o de inmigración en un solo lugar:** Si usted es detenido o quiere legalizarse, mantener todos sus documentos en un solo lugar es importante. Su experto en inmigración querrá saber cuánto tiempo a estado en los Estados

Unidos y su historial de empleo y donde a vivido. Teniendo todos sus documentos hará que los procesos migratorios sean más rápidos. **(vea el Capítulo Ocho sobre cómo Estar Preparado)**

¿ESTA ICE BUSCANDOLO? COMO EVITARLO Y NO SER DETENIDO

Si usted fue detenido y después dejado en libertad por inmigración y tiene un **"numero A"** y se lo sabe llame al: 1-800-898-7180 y averigüe si tiene una orden de deportación. Si no se sabe el numero A- contacte a un Experto en Inmigración o a una organización sin fines de lucro, ellos podrían ayudarle a averiguarlo.

- ✓ Si se entera de que tiene una orden de deportación debe hacer lo siguiente:
- ✓ Use este libro para aprender acerca de sus opciones y contacte a un Experto en Inmigración o a una organización sin fines de lucro que trabaje en inmigración.
- ✓ Encuentre una nueva vivienda donde no tenga su nombre en el contrato de alquiler. Que no le envíen correo al nuevo domicilio. No debe haber un registro público de que usted vive ahí.
- ✓ Viva "fuera de la red". ICE utiliza métodos de rastreo electrónicos para encontrarle. NO utilice tarjetas de crédito, pague TODO lo que haga en efectivo. NO haga ninguna transacción electrónica utilizando su nombre.
- ✓ Asegúrese que su automóvil; no esté en su nombre o que no ha reemplazado sus placas en los últimos tres años.
- ✓ Si tiene cuentas de medios de comunicación social como el Facebook, cierre su cuenta o utilice otro nombre.
- ✓ Si tiene que manejar sea más cuidadoso de no violar cualquier ley. Asegúrese que su vehículo tenga las placas al corriente y que todo esté en buenas condiciones.
- ✓ Mantenga en mente, que la mayoría de los abogados honestos no le van a decir que evada una orden de un juez porque no es ético para ellos decirlo.

INTRODUCIÓN

Hay muchas las razones por las cuales la gente viene a los Estados Unidos. Comúnmente es para buscar una mejor vida, pero recientemente es para escapar de las pandillas y carteles que están fuera de control y han tomado gran parte de México y Centro América. También huyen de un gobierno opresor o de ser víctima de prejuicios en otras partes del mundo.

Con los agentes de ICE enviados por Trump invadiendo hogares y negocios la pregunta que ha mantenido a muchos sin dormir por las noches es, siendo yo indocumentado; ¿será mañana el día en el cual me encuentre en el lugar equivocado, seré arrestado y terminare deportado?

Que tan difícil será para que usted logre documentarse se reduce a cuatro preguntas.

- ✓ **¿Como entré?**
- ✓ **¿Cuál fue la razón por la que vine a los Estados Unidos?**
- ✓ **¿He sido persona de buena conducta mientras he vivido en los Estados Unidos?**
- ✓ **¿Tengo familiares que estén aquí legalmente? (cónyuge, padres o hijos)**

Si entró con VISA, el proceso de legalización es mucho más fácil a que si entro son documentos. Si entro al país sin documentos (no VISA) es difícil, pero no imposible.

Capítulo uno

¿Cómo llegué a Los Estados Unidos?

"El seno de Estados Unidos está abierto a recibir no solo al opulento y respetado extraño, sino a los oprimidos y perseguidos de todas las naciones y religiones; a quien daremos la bienvenida a la participación de todos nuestros derechos y privilegios ... " George Washington.

En este capítulo, piense cómo llego a los Estados Unidos. Este es el primer paso para identificar cómo puede arreglar papeles.

- ✓ Me quede más tiempo de lo que su visa permitía

- ✓ Fui a la frontera y inmigración me liberó en los Estados Unidos

- ✓ Entré a los Estados Unidos sin que me arrestara, ni Inmigración ni la policía saben que estoy aquí

- ✓ Nunca me arrestaron al cruzar la frontera, pero ahora tengo audiencia con la corte de inmigración

- ✓ Crucé la frontera sin padres cuando tenía menos de 18 años

- ✓ Me trajeron a los Estados Unidos contra mi voluntad o con una promesa falsa y fui obligado a trabajar

Palabras para saber:

Experto en Inmigración: Nos referimos a un abogado o persona autorizada para proporcionar servicios de inmigración por una agencia del gobierno estatal o federal. NO sugerimos notarios u otras personas que no estén autorizadas por un gobierno estatal o federal.

Indocumentado: una persona que ingresó a los Estados Unidos sin inspección (sin una visa de entrada)

Overstayer: Una persona que ingresó a los Estados Unidos legalmente con una visa pero se quedó después de la fecha de vencimiento

TPS (Temporary Protected Status): Una persona que ingresó a los Estados Unidos con o sin documentación y recibió un Estatus de Protección Temporal debido a una condición en su país de origen

DACA (Deferred Action for Childhood Arrivals): Una persona que fue traída a los Estados Unidos con o sin inspección como un niño (menor de 18) por un padre o tutor legal y que luego solicitó protección bajo el programa DACA

Introducción

Si se encuentra usted en los Estados Unidos sin haber entrado con documentación (por ejemplo, visa de turismo), la legalización será costosa y difícil, pero dependiendo su situación, es posible. Cómo entró y el tiempo es importante. Esto es lo que necesita saber.

Conseguir papeles legales depende de:
- Las razones por las cuales usted llegó a los Estados Unidos.
- ¿Ha sido una buena persona mientras ha estado aquí?
- ¿Que podría pasar si le obligaran a regresar a su país de origen?
- Tiene usted a alguien en su familia que es ciudadano estadounidense como esposo/a o hijos mayores de 21
- Encontrar un buen experto en inmigración

Sus posibilidades no son buenas si:
- ✓ **Tiene múltiples delitos graves:** es probable que inmigración lo deporte si ha cometido un delito grave o ha sido condenado por tres o más delitos menores. Sin embargo, hay excepciones.
- ✓ **Ha entrado varias veces:** esto no es bueno. Múltiples reentradas se consideran un delito grave. Sus posibilidades de obtener papeles son pequeñas. La mejor opción que queda se llama "Retención de Deportación" o CAT (Convención contra la Tortura). Debe tener una buena historia que demuestre que, si es deportado, su vida estaría en peligro.
- ✓ **Actividad terrorista:** si fue acusado de cualquier acto de terror en cualquier parte del mundo, sus posibilidades son muy bajas.

Advertencia

✓ **Asociación de partido político que promueve el terrorismo:** si le acusan de estar asociado con un partido político que promueve actividades terroristas, sus posibilidades son muy difíciles. Debe de consultar con un experto en inmigración para que le ayude a explicar su participación y detallar cómo su conocimiento podría ayudar al gobierno estadounidense en la lucha contra ellos.

✓ **Ha hecho reclamos falsos a un agente de inmigración o en un formulario de inmigración:** Si descubren que hizo una afirmación falsa de que era ciudadano estadounidense, o que presentó información falsa en un formulario de inmigración, sus posibilidades no son buenas. Es posible que pueda solicitar asilo/Retención de Expulsión/Convención contra la Tortura.

ATENCIÓN: si usted cae en alguna de las categorías arriba mencionadas, le sugerimos que salte este capítulo y vaya directamente al capítulo tres, Asilo Defensivo. Necesita una buena historia de "riesgo/miedo creíble." Además, lea el capítulo cuatro sobre cómo debe desarrollar su historia. Una vez que tenga su historia, comuníquese con un experto en inmigración.

Si usted es de Nicaragua, Cuba, Guatemala, El Salvador, ciertos países de Europa del Este o Haití, puede haber una forma de evitar la deportación. En 1997, el Congreso aprobó dos leyes. Bajo estas leyes, ciertas personas de los países mencionados arriba pueden obtener el estatus de residente permanente legal y permanecer en los Estados Unidos. Los requisitos son diferentes dependiendo de su país de origen. Si eres de uno de estos países y han estado aquí desde 1997, hable con su experto en inmigración sobre el ajuste nicaragüense y Ley de Ayuda Centroamericana (NACARA) o el haitiano Ley de Inmigración de Inmigración de Refugiados (HRIFA). Si eres el cónyuge o hijo de alguien que califica para el alivio bajo estas leyes, también puedes calificar..

LIFE Act: Según la Ley de Equidad Familiar de Inmigración Legal (LIFE), si usted es el beneficiario de una solicitud de visa o solicitud de certificación laboral presentada entre el 14 de enero de 1998 y el 30 de abril de 2001, puede ser elegible para el ajuste de estado bajo Sección 245 (i). Esto significa que el beneficiario de la petición puede documentarse a través de Petición familiar o Petición de matrimonio sin salir del país o solicitar un perdon. Tendría que pagar una multa de $ 1000.

Requisitos:
- **Debe haber estado presente en los Estados Unidos antes del 21 de diciembre de 2000**
- **Debes haber sido el beneficiario de una petición de inmigrante o certificado de trabajo presentado el 30 de abril de 2001 o antes.**

NOTA: Si su certificado de trabajo o su petición de inmigrante fue aprobada antes de enero de 1998, no tiene que demostrar su presencia en los Estados Unidos antes del 21 de diciembre de 2000.

Hay varias cosas que debe hacer para calificar. Nuevamente, contáctese con un Experto en Inmigración para ver si califica.

PASO UNO:
¿Cómo llegaste? Lea cada uno de los títulos de este capítulo y seleccione el que mejor se adapte a su llegada.

Me quedé más tiempo de lo que mi visa permitía (Overstayer)

Los cálculos dicen que el 40% de las personas indocumentadas que viven en los Estados Unidos hoy, vinieron aquí legalmente con una visa. Si permaneció más tiempo de la fecha de vencimiento de su visa, el proceso para convertirle a usted en legal es más fácil que si hubiera entrado sin visa.

Por ser persona que tuvo visa, inmigración no puede deportarle hasta que un juez diga que ya no es legal que viva o trabaje en los Estados Unidos. Técnicamente, es posible vivir y trabajar aquí hasta el día en que alguien lo reporte y que un juez determine su juzgado contra usted. Sin embargo, viviendo en la era de Trump, ¿quiere arriesgarlo?

Algunas de las opciones para legalizarse cuando es una persona que tuvo visa son:

- ✓ **Petición por Matrimonio:** (I-130) tiene buenas posibilidades de recibir una tarjeta verde al casarse con un ciudadano de los Estados Unidos.

Si su peticionario tiene Residencia (tarjeta verde) no puede conseguir inmediatamente Residencia a través de ellos. Inmigración ha puesto un límite al número de Tarjetas Verdes emitidas a los beneficiarios de Residentes.

- ✓ **Petición Familiar:** (I-130) tiene buenas posibilidades de recibir una tarjeta verde. Si su familiar es ciudadano de los Estados Unidos y tiene más de 21 años, puede aplicar por su:
  - o Esposo/a
  - o Hijos o hijas menores de 21 y solteros

- o   Madre o padre.
- o   Hermana o hermana

✓ **Cónyuge Maltratado (VAWA):** esto se aplica tanto a mujeres como a los hombres. Digamos que usted entró con una visa y se casó con un Ciudadano de los Estados Unidos o Residente Legal y su cónyuge le lastimó emocionalmente o físicamente, o lo retuvo en contra de su voluntad. Puede solicitar una visa sin que ellos lo sepan.

✓ **Una Víctima del Tráfico Humano (Visa-T):** Usted fue traído a los Estados Unidos con una visa y tenía la expectativa de que era solo una visita, o una oportunidad de trabajo de parte de alguien. Después de llegar fue forzado/a a entrar a la industria del sexo o al trabajo forzado. Es posible que pueda solicitar una visa T. Ve Referencias al final de este libro para obtener una lista completa de lo que califica.

✓ **Víctima de Un Crimen en los Estados Unidos (U-Visa):** Usted Ingresó a Estados Unidos con una visa, pero mientras estuvo aquí, fue víctima de un crimen. Por ejemplo, robado, agredido físicamente, violado, extorsión, golpeado por cualquier persona. Si usted denunció el crimen, podría ser elegible para una Visa U. **Ve Referencias al final de este libro para obtener una lista completa de lo que califica.**

✓ **Usted teme por su Vida si Regresa a su país de origen (Asilo):** si usted tiene una buena historia por lo cual su vida estaría en peligro si regresa a su país de origen, podría calificar. Solicitaría un **"Asilo Afirmativo"**.

✓ **Cancelación de Deportación por Estancia de Diez Años:** también conocida como "42-B". Usted debe haber

vivido en los Estados Unidos por más de
diez años sin haber salido del país. Solo se
puede solicitar si está en procedimientos
judiciales, como pidiendo Asilo. Tendrá
que demostrar dificultades/sufrimientos
para su cónyuge o hijo estadounidense legal en caso de
que sea deportado (por ejemplo, depresión).

**VISA DE TRABAJO: No es posible solicitar una Visa de
trabajo si la Visa que usted utilizó para entrar a los Estados
Unidos esta vencida. Si su visa todavía es válida, debe
renovarla rápidamente con la ayuda de su posible empleador**

Lea Capítulo Tres y aprenda qué son los próximos pasos.
Usted puede calificar para más de uno de los beneficios
mencionados. Mientras más, mejor. Un buen experto en
inmigración puede presentar múltiples solicitudes para
mejorar sus posibilidades de éxito.

Llegué a la frontera e inmigración me liberó en los Estados Unidos

Existe una sola razón por la cual inmigración lo habría soltado. Esto sería por que reclamó Asilo. Pasó por una entrevista de riesgo/miedo creíble, y el oficial encontró que su historia era creíble. Inmigración le liberó a usted en los Estados Unidos con una fecha futura de corte con o sin fianza. Si ha pasado menos de un año desde que llegó, eso es buena noticia. **Su mejor opción es:**

✓ **Asilo:** Usted tiene 12 meses para completar la solicitud de asilo (formulario I-589). Tendrá que presentarse ante inmigración regularmente. Asegúrese de no perder ninguna cita o fecha de la corte y siempre informe a inmigración cuando se mude o cambie de dirección

> **NOTA:** Si usted es de **México**, reclamar asilo es más difícil a pesar de la violencia, ya que el gobierno de los Estados Unidos todavía considera que el país es una democracia. Pero el asilo no es imposible. Debe tener una historia muy buena de que usted seria herido o asesinado si le deportan. **Lea el Capítulo Cuatro.**

Sin embargo, ¿qué pasa si usted nunca asistió a ninguna de las cortes o no presento su solicitud a tiempo? Es muy importante que usted contacte a un experto en inmigración lo más pronto posible. No cumplir con su solicitud de Asilo no es bueno a menos que haya encontrado otra opción.

Advertencia

¡La PARTE MÁS IMPORTANTE para las personas que vienen a los Estados Unidos y buscan asilo es tener una historia de riesgo/miedo creíble! Si usted fue entrevistado y se encuentra en el país, dio una historia creíble al oficial y le aprobaron. Sin embargo, es posible que usted vaya a necesitar pruebas adicionales. Lea el Capítulo Cuatro.

¡IMPORTANTE! SU RAZÓN DE ESTAR EN los ESTADOS UNIDOS DEBE SER POR MIEDO A PERDER SU VIDA SI LE REGRESAN A SU PAÍS O BASÁDO EN UN TRAUMA GRAVE.

Other options for Becoming documented are:

- ✓ **Petición de matrimonio en combinación con el perdón 601A waiver:** Usted tiene la posibilidad de recibir una tarjeta verde al casarse con un Ciudadano/a. Sin embargo, tendrá que regresar a su país de origen y solicitar un perdón aparte de demostrar dificultades extremas a su cónyuge o padre/madre Ciudadano o Residente de los Estados Unidos si son separados. Sepa que esta opción es riesgosa.

- ✓ **Petición familiar en combinación con el perdón 601A waiver:** Como lo anterior, usted tendrá que regresar a su país de origen y solicitar un perdón aparte de mostrar dificultades extremas si son separados. Si su peticionario es un ciudadano estadounidense/residente mayor de 21 años, puede solicitar para:
  - o Esposo/a
  - o Madres / Padres

Recuerde: se requiere una petición familiar o matrimonial para comenzar el proceso. Antes de irse a su país de origen y solicitar el perdón, primero necesita que se apruebe la petición.

✓ **"Military Parole in Place":** (PIP) Si su familiar o pareja es o fue militar de los Estados Unidos, el proceso es más simple. A través de esta petición usted tiene la posibilidad de no tener que demonstrar dificultades/sufrimientos o/y regresar a su país de origen y pedir un perdón.

✓ **Cónyuge maltratado (VAWA):** si usted está casado con un ciudadano de los Estados Unidos o residente legal que le ha hecho daño físico o emocional (acto de violencia doméstica en el que participó la policía), es posible que usted califique para una petición de VAWA.

✓ **Víctima de un Crimen en Territorio Estadounidense (U-Visa):** si ha sido víctima de un delito en Estados Unidos, por ejemplo, robo, agresión física, violación, extorsión, etc. y la policía tiene un registro del delito, usted puede ser elegible para una visa U.- Mira las Referencias al final del libro para obtener una lista completa de lo que califica.

Lea el *Capítulo Tres* para aprender los siguientes pasos, usted podría calificar para más de uno.

Entré a los Estados Unidos sin que me arrestaran ni inmigración ni la policía saben que estoy aquí.

Si usted vino a los Estados Unidos y nunca ha estado en contacto con ninguna autoridad y no tiene registro con la Policía o

Inmigración de que usted esté aquí, sus opciones son:

- ✓ **Asilo (afirmativo):** debe completar una solicitud de asilo, I-589. Es importante que base su solicitud de asilo en evidencia creíble para demostrar que su país de origen es peligroso y que su vida corre peligro si regresa, o si pasó por un trauma grave. Usted tiene que tener una buena razón por la cual no solicitó asilo en el primer año. Por ejemplo, trauma, barrera del idioma, etc. Lea el capítulo tres y cuatro de este libro sobre asilo.

- ✓ **Cancelación de Deportación por Estancia de 10 años:** esto también se conoce como "42-B". Usted debe haber vivido en los Estados Unidos por más de diez años sin salir del país. Deberá estar en procedimientos judiciales, como por Asilo, para aplicar. Tendrá que demostrar dificultades para su cónyuge, padres o hijos ciudadanos o residentes de los Estados Unidos (por ejemplo, depresión).

- ✓ **Considera la petición de Matrimonio/Familia:** Si usted decide documentarse a través del matrimonio o un familiar, debe completar el formulario USCIS I-130 e incluir toda la evidencia que demuestre que   una pareja real/o la relación con su familiar. Su matrimonio o relación familiar probablemente será aprobado, y luego comenzará el proceso para convertirse en residente legal. En este caso, DEBE regresar a su país de origen, solicitar un perdón y proporcionar evidencia creíble de que su cónyuge o padres estadounidenses o residentes sufrirían dificultades extremas si usted fuera deportado.

Recuerde: se requiere una petición familiar o matrimonial para comenzar el proceso. Antes de irse a su país de origen y solicitar el perdón, primero necesita que se apruebe la petición.

✓ **Víctima de un delito en los Estados Unidos (U-Visa):** aunque usted no tenga documentos, si es víctima de un delito; fue robado, asaltado o violado, puede solicitar una visa U. Mira las Referencias al final del libro para obtener una lista completa de lo que califica.

✓ **En un matrimonio abusivo en los Estados Unidos (VAWA, U-Visa):** usted ingresó al país sin documentos y se casó con un ciudadano de los Estados Unidos o residente legal. Si está en una relación físicamente y mentalmente abusiva, y/o sus hijos están en peligro debido a su cónyuge, también puede calificar para una VAWA o una visa U.

✓ **"Military Parole in Place":** (cónyuge, hijos y padres) Si usted está casado con, o es el hijo/padre de alguien que es o fue militar de los Estados Unidos, el proceso es más simple porque a través de esta petición tiene la posibilidad de no tener que regresar a su país de origen y pedir un perdón.

Lea el *Capítulo Tres* para aprender los siguientes pasos. Usted puede calificar para más de uno.

Nunca me arrestaron al cruzar la frontera, pero ahora estoy en procedimientos judiciales de deportación

Si usted ha vivido en los Estados Unidos durante muchos años, pero hasta hace poco, nunca tuvo un encuentro con la policía o inmigración.

Ahora que saben que usted está aquí, tiene pocas opciones:

✓ **Asilo (defensivo):** Usted debe tener una historia creíble de que, si regresa a su país de origen, su vida podría estar en peligro. Debe completar el formulario I-589 y enviarlo junto con la evidencia de que su vida estaría en peligro si regresara a su país de origen.

✓ **Cancelación de Deportación (42B):** si usted ha estado aquí por diez años o más y se encuentra en un proceso de deportación, puede calificar para 42-B. Además, si es deportado, tendrá que presentar pruebas de que su cónyuge, padres o hijos ciudadanos o residentes de los Estados Unidos experimentará dificultades extremas.

✓ **Petición de matrimonio en combinación con el perdón 601A waiver:** Usted tiene buenas posibilidades de recibir una tarjeta verde al casarse con un ciudadano. Sin embargo, tendrá que regresar a su país de origen y solicitar un perdón y demostrar dificultades extremas a su cónyuge ciudadano o residente de los Estados Unido si son separados.

✓ **Petición familiar en combinación con el perdón 601A waiver:** Una vez más, tendrá que regresar a su país de origen y solicitar un perdón y mostrar dificultades extremas si usted y su familiar/peticionario son

separados. Si son ciudadanos o residentes de los Estados Unidos y mayores de 21 años, pueden solicitar por:
- ✓ Esposo/a
- ✓ Madre o Padre

Recuerde: se requiere una petición familiar o matrimonial para comenzar el proceso. Antes de irse a su país de origen y solicitar el perdón, primero necesita que se apruebe la petición.

- ✓ **"Military Parole in Place":** teniendo un hijo/a, pareja o padre/madre que es o fue militar de los Estados Unidos simplifica el proceso. A través de esta petición usted tiene la posibilidad de no tener que mostrar dificultades extremas en caso de separación o regresar a su país de origen y pedir un perdón.

- ✓ **Cónyuge maltratado (VAWA):** si usted está casado con un ciudadano de los Estados Unidos o residente legal que le ha hecho daño físico o emocional a usted o a sus hijos (acto de violencia doméstica en el que se involucró la policía), es posible que usted califique para una petición de VAWA.

- ✓ **Víctima de un crimen en territorio estadounidense (U-Visa):** si usted ha sido víctima de un delito en Estados Unidos, por ejemplo, robo, agresión física, violación, extorsión, etc. y la policía tiene un registro del delito, puede ser elegible para una visa U. Mira las Referencias al final del libro para obtener una lista completa de lo que califica.

Lea el *Capítulo Tres* para aprender los siguientes pasos. Usted podría calificar para más de uno.

Crucé la frontera sin padres cuando tenía menos de 18 años

Si cruzo la frontera cuando era menor de 18 años sin sus padres y se entregó o fue arrestado por inmigración.

✓ UAC - Niño no Acompañado: Tenías menos de 18 años cuando cruzaste la frontera sin tus padres. No importa la edad que tengas ahora. Si tienes pruebas de la Oficina de Restablecimiento de Refugiados (Inmigración) de que tenías menos de 18 años cuando cruzaste la frontera, aún puedes calificar para UAC.

Lo más probable es que te dieron una cita en la corte y te entregaron a un guardián legal (pariente o padre) o a un refugio. Es importante encontrar un experto en inmigración que pueda ayudarte a llenar el formulario I-589 para UAC, y asistir a todas las audiencias de la corte. Debes tener una historia/un argumento bueno y creíble del porque viniste a los Estados Unidos. No puedes decirle a inmigración que tus padres te enviaron a Estados Unidos para ganar dinero, o que deseabas unirte a tu familia aquí (por ejemplo).
Estados Unidos para ganar dinero, o que deseabas unirte a tu familia aquí (por ejemplo). **Lea Capítulo Cuatro para aprender cómo Desarrollar su Historia.**

Me trajeron a Estados Unidos contra mi voluntad o con una promesa falsa

Desafortunadamente, hay organizaciones y personas en los Estados Unidos que se aprovechan de los inmigrantes. Estas personas traen a inmigrantes con Visa con promesas falsas o pagan a coyotes para traer personas al país para tenerlos como mano de obra barata o para la industria del sexo. Traen a las personas de dos maneras:

- ✓ Lo trajeron con una visa legal y con la promesa de trabajo o algún otro propósito.
- ✓ Lo trajeron de contrabando al país (sin documentación) en un camión, contenedor de envío o le pasaron por la frontera.

¿Cómo sabe usted si es una víctima del tráfico humano?

1) Cuando entró a los Estados Unidos, alguien le quitó su pasaporte y le obligó a realizar un trabajo con poco o ningún pago.
2) Su empleador requiere que usted pague una deuda antes de que pueda ser liberado.
3) Lo retienen en contra de su voluntad y no es libre de ir y venir de su "empleador".
4) Lo obligan a proporcionar sexo a su empleador u otras personas.
5) Lo obligan a trabajar largas horas, más de 8-10 horas por día.
6) Las condiciones de vida en las que usted vive incluyen ventanas cubiertas con barras o madera. Hay cámaras que vigilan cada uno de sus movimientos y solo le permiten salir en público bajo amenaza.
7) Su empleador se queda con el dinero que gana
8) Usted no es permitido hablar con nadie fuera del negocio

9) Lo castigan físicamente o le encierran si no hace el trabajo o no tiene sexo con los demás según sus expectativas.

Si este es su caso, debe llamar gratis a **la Línea Directa Nacional contra Tráfico de Personas al 888-373-7888.** No se preocupe, estas personas le ayudarán a liberarse y es muy probable que pueda calificar para legalizarse y vivir libremente en los Estados Unidos.

Usted tiene solo una opción:

✓ **Una víctima del tráfico (T-Visa):** Es ilegal que cualquier persona la lleve a los Estados Unidos, ya sea en contra de su voluntad o con falsas promesas, y que le obliguen a realizar un trabajo que incluya relaciones sexuales bajo cualquier control o amenaza. El gobierno estadounidense ha creado la visa T para ayudar a las víctimas. Mira las Referencias al final de este libro. Hay una lista completa de lo que califica.

¿Es usted libre ahora pero así es como llegaste? Si esto le sucedió en el pasado, pero ahora es libre y vive indocumentado/a, no hay nada que impida que inmigración le atrape y le deporte. Si denuncia su experiencia como un crimen, podría obtener un beneficio con inmigración. Sin embargo, recomendamos visitar a un experto en inmigración primero y dejar que le ayuden a denunciarlo. Lo más probable es que las personas involucradas sean arrestadas y otras víctimas también puedan calificar para visas.

Lea el Capítulo Tres, Visa T para aprender los siguientes pasos. Usted podría calificar para más de uno.

Paso Dos:
Si tienes DACA o TPS, lea el siguiente capítulo.
Si no, vaya al Capítulo Tres y revise sus
opciones en función de cómo llegó.

Capítulo Dos

TPS y DACA – Cómo debería estar preparado usted

Vinimos a América, ya sea nosotros mismos o en las personas de nuestros antepasados, para mejorar los ideales de los hombres, para hacerles ver cosas mejores de lo que habían visto antes, para deshacerse de las cosas que dividen y para asegurarse de las cosas que unan ". -Woodrow Wilson

----

Lo que vas a aprender:

TPS: Estado de protección temporal
DACA: Acción diferida para la llegada de niños

TPS: Temporary Protected Status

Introducción

En algunas ocasiones el presidente de los Estados Unidos emite un "Temporary Status" (TPS) a personas cuya vida puede estar en peligro si regresara su país de origen debido a un desastre natural o guerra. Usted puede obtener TPS si es titular de una visa, si se le ha vencido la visa o si es indocumentado. Si usted cumple con las reglas establecidas bajo este programa, puede vivir y trabajar en los Estados Unidos sin el miedo de ser deportado. Pero es solo temporal y Trump tiene toda la intención de terminar con este programa incluso si los problemas en su país de origen continúan.

Yo tengo TPS, estoy bien?

Usted todavía puede recibir TPS si viene de uno de los países aprobados. Pero no debería sentirse seguro con el TPS dado que es solamente temporal y Trump pretende cancelar este programa. Usted solo puede registrarse durante el período de registro de cada país. El presidente tiene que renovar o cancelar el TPS de cada país cada 6 a 18 meses.

Países de TPS de América Latina cancelados por Trump:

País	Debes regresar
Honduras	Enero 5, 2020
El Salvador	Septiembre 9, 2019
Nicaragua	Enero 5, 2019

"Debes regresar " significa que debe regresar a su país de origen si estaba bajo TPS y no ha encontrado otra razón para quedarse antes después de la fecha indicada.

Para obtener un estatus legal y permanente en los Estados Unidos usted tiene las siguientes opciones:

✓ **Petición de matrimonio:** Usted está casado o quiere casarse con alguien que es ciudadano o residente de los Estados Unidos?

✓ **Petición familiar:** Usted tiene un hijo/una hija mayor de 21, padre o madre que son ciudadanos o residente de los Estados Unidos?

Como recipiente de TPS y dependiendo en qué Estado está viviendo (ver la lista a continuación), su única oportunidad de hacerse legal es mediante la petición de matrimonio/familiar sin tener que regresar a su país de origen para el proceso consular. Pero si Trump ya ha cancelado el programa TPS para su país de origen y todavía no ha iniciado el proceso de hacerse legal es demasiado tarde. Entonces deberá considerar otras opciones enumeradas a continuación.

Si usted está viviendo en los siguientes Estados:

California	Alaska
Arizona	Hawaii
Idaho	Montana
Nevada	Oregon
Washington	Kentucky
Michigan	Ohio
Tennessee	

NOTA: Incluso si vive en uno de estos estados, si Trump cancela el programa TPS para su país y no ha ajustado su estado, ya es demasiado tarde. Deberás considerar otras opciones.

Usted puede hacerse legal mediante la petición de matrimonio/familiar sin tener que regresar a su país de origen para el proceso consular. **Para todos los otros Estados (I-131 advanced parole):** la única manera de conseguir Residencia mediante la petición de matrimonio/familiar sin tener que volver a su país de origen e ir por el proceso consular es llenar el formulario (I-131-documento para viajar) y enviarlo a la inmigración (USCIS). Si lo aprueban puede salir de los Estados Unidos (incluso para un par de horas) y reentrar con este documento. Entonces tendría una entrada legal. **Pero es arriesgado ya que el oficial en la línea fronteriza tiene el poder de negarle la reentrada.**

✓ **Otra opción: Military Parole in Place:** Si usted ingresó a los Estados Unidos sin documentos (no visa) y tiene esposa/esposo, hijos o padres en el militar de los Estados Unidos podría calificar para una petición que se llama "Military Parole in Place". Sí inmigración aprueba esta petición ya tiene entrada legal y puede hacer la petición de matrimonio/familiar en los Estados Unidos sin tener que volver a su país de origen.

Para petición de matrimonio o petición familiar: si ingresó a los Estados Unidos con una visa, NO tiene que volver a su país de origen para obtener un perdón, independientemente del estado en el que viva. En todos los escenarios, deberá probarlo no ha cometido ningún delito grave y ha pagado sus impuestos mientras trabaja de acuerdo con su documento TPS.

Independientemente de cómo haya ingresado:

✓ **Asilo:** a pesar de que Trump está terminando con el TPS para su país no significa que sea seguro que usted regrese. El Salvador, por ejemplo, como muchos países de Centroamérica tiene muchos problemas con pandillas y corrupción policial. Póngase en contacto con un experto en inmigración para saber si califica. Recuerde: Usted tiene que demostrar que su vida está en peligro si le hacen regresar a su país de origen. Lea el capítulo 4 sobre cómo desarrollar su historia

✓ **Visa U:** Usted ha sido víctima de un crimen en los Estados Unidos.

✓ **VAWA:** Usted estaba o está en un matrimonio abusivo con un ciudadano o residente de los Estados Unidos

✓ **Cancelación de Deportación (42B):** Usted ha estado en los Estados Unidos durante más de diez años y tiene un cónyuge, hijos o padres residentes legales o ciudadanos de los Estados Unidos

Lea el *Capítulo 3* para aprender más sobre cómo o si podría calificar.

Si usted tiene TPS y quiere quedarse en los Estados Unidos lo mejor es ponerse en contacto con un experto en inmigración y discutir lo que acaba de leer. El Gobierno de Trump tiene toda la intención para detener el programa de TPS independientemente de las condiciones en estos países.

DACA – Deferred Action Childhood Arrivals

Introducción

Si actualmente no tienes DACA es poco probable que puedas aplicar. Pero si ya lo tienes puedes continuar extendiendo el DACA, a no ser que el Gobierno de los Estados Unidos llegue a una solución que no esté a tu favor, estarás a salvo durante la mayor parte de 2018. De momento los Estados Unidos no están permitiendo aplicaciones nuevas "Advanced Parole" (viajar al extranjero) ya no es disponible para los beneficiarios de DACA. Trump ha cancelado la posibilidad para que los beneficiarios de DACA puedan viajar fuera de los Estados Unidos. Como beneficiario de DACA tienes el derecho de vivir y trabajar en los Estados Unidos. Pero vas a perder este "privilegio" si cometes un crimen.

> Historia verdadera: Hace poco un beneficiario de DACA en Arizona fue deportado a México porque la policía había encontrado una pistola y drogas ilegales en su mochila. Tristemente no fue capaz de aguantar su nueva vida en México y se mató. **Toma las reglas de DACA en serio. Encontrará información útil sobre DACA en la sección de <u>Preguntas Frecuentes y Respuestas al final de este libro.</u>**

Teniendo DACA tienes opciones.

Petición de Matrimonio/Familiar:
- ✓ Ingresaste a los Estados Unidos con una visa u obtuviste "Advanced Parole":

Entonces puedes hacer todo el trámite en los Estados Unidos sin tener que salir y volver a tu país de origen y pedir perdón y demostrar sufrimiento de tu peticionario/pariente cercano.

Ingresaste a los Estados Unidos sin documentos/sin visa y:

✓ **Recibiste DACA antes de cumplir 18:** Si recibiste o aplicaste para DACA antes de cumplir 18 no acumulaste "presencia ilegal" en los Estados Unidos y obtener una "Green Card" mediante una petición de matrimonio/familiar es bastante fácil. Tienes que volver a tu país de origen y asistir a una entrevista consular. Este proceso es más simple de lo que era en el pasado y toma alrededor de una semana.

✓ **Aplicaste y recibiste DACA después de cumplir 18:** Esto es más difícil. Tendrías que volver a tu país de origen y pedir perdón y demostrar sufrimiento de tu peticionario/pariente cercano.

✓ **Estás casado/a con o eres el hijo/a o padre/madre de una persona que esta o estaba en el ejército de los Estados Unidos** (tienes que haber ingresado a los Estados Unidos sin documentos/sin visa):
  o Esta petición se llama "Military Parole in Place" y hay que presentar una solicitud (I-131) a Inmigración (USCIS). Si lo aprueban obtendrá un documento que le certifica una entrada legal. No tendría que regresar a tu país de origen para tramitar la petición de matrimonio/familiar (para obtener Residencia).

Recuerde, comienza a acumular presencia ilegal en los Estados Unidos después de cumplir 18 años y seis meses de edad. Esto podría tener un impacto en su aplicación. Póngase en contacto con un experto en inmigración para comprender sus opciones.

Otras opciones que deberías considerar:

✓ **Visa U:** si has sido víctima de un crimen en los Estados Unidos y has colaborado con la policía.

- ✓ **VAWA:** estabas o estás en un matrimonio abusivo con un ciudadano o residente de los Estados Unidos. El abuso pudo haber sido físico o mental.
- ✓ **Asilo:** Es una idea nueva pero un experto en inmigración creativo podría hacer un argumento válido que si tienes que volver a tu país de origen tu vida estaría en peligro por ser "Americanized" (un grupo social). Tú serías un blanco de pandillas para varios crímenes como por ejemplo secuestro, chantaje, prostitución forzada.

Consulte el *Capítulo Tres* y aprende más sobre todas estas opciones. Además, sugerimos ir a un experto en inmigración para hablar en detalle sobre tus opciones y los pasos que debes seguir.

Capítulo Tres

Arreglar sus papeles y obtener un permiso de trabajo (EAD)

"En todas partes los inmigrantes han enriquecido y fortalecido el tejido de la vida estadounidense". -John F. Kennedy

----

Este capítulo le enseñará qué opciones tienen las personas en cada una de estas categorías. ¿Cuál categoría es mejor para usted?

- ✓ Entré con visa y me he casado con un ciudadano de los Estados Unidos o con un residente permanente (Petición de Matrimonio)
- ✓ Entré con visa y tengo parientes cercanos que son ciudadanos de los Estados Unidos o residentes permanentes (Petición Familiar)
- ✓ Soy indocumentado (crucé la frontera) y estoy casado con un ciudadano/a de los Estados Unidos o residente permanente (Petición de Matrimonio)
- ✓ No tengo papeles (crucé la frontera) y tengo parientes cercanos que son ciudadanos de los Estados Unidos o residentes permanentes. (Petición Familiar)
- ✓ Soy indocumentado (crucé la frontera) y estoy casado con, o soy el hijo / padre de alguien que está o estuvo en el ejército (Military Parole in Place)
- ✓ Entré a los Estados Unidos cuando era menor de 18 años, sin padres o tutores legales y temo por mi vida si me regresaran a mi país (UAC- Asilo para niños no acompañados)
- ✓ Si regreso a mi país, temo que me hagan daño o me maten (Asilo)

- ✓ He cometido crímenes graves, pero si regreso a mi país, me harán daño, seré torturado o asesinado (CAT)
- ✓ He venido a los Estados Unidos más de una vez y he sido arrestado, o e cometido delitos menores en los Estados Unidos, pero es probable que me hagan daño si regreso a mi país. (Suspensión de Deportacion)
- ✓ He estado en los Estados Unidos durante diez años y tengo pareja / niño / padre legal que está enfermo o sufriría si estuviera deportado (42-B Parte 1/solamente si estoy en proceso judicial de inmigración)
- ✓ He estado en los Estados Unidos por más de tres años y mi pareja / hijo / padre que es ciudadano abusó emocional o físicamente de mi (42-B Parte 2/solamente si estoy en proceso judicial de inmigración)
- ✓ Mi hijo (a) o yo hemos sido emocionalmente o físicamente abusados por mi pareja que es ciudadano o residente legal (VAWA)
- ✓ Soy víctima de un crimen que ocurrió en los Estados Unidos (U-Visa)
- ✓ Me trajeron a los Estados Unidos y fui forzado a trabajar en la industria del sexo u otros tipos de trabajo forzado (T-Visa)
- ✓ Soy testigo o tengo información sobre crímenes graves cometidos por pandillas, el Cartel, terroristas u otros, en los Estados Unidos (S-Visa)
- ✓ No tengo hogar en los Estados Unidos y tengo menos de 18 años, más he perdido a mis padres o tutores (SJIS)
- ✓ No tengo oportunidad de arreglar mis papeles en este momento, ¿qué debo hacer?

ATENCIÓN: Si tiene DACA o TPS, consulte el Capítulo Dos, busque su sección y lea cómo puede documentarse. Consulte a éste capítulo para entender major sus opciones.
Vea más información de DACA y TPS en la sección de Preguntas Frecuentes y Respuestas al final de este libro.

INTRODUCCIÓN

Existen muchos caminos para obtener papeles. Si sigue las reglas, tiene un buen argumento junto con buenas pruebas, se presenta a corte y tiene un poco de suerte, puede obtenerlos.

El primer y segundo capítulo preguntamos; ¿Cómo llegaste y cuáles son tus opciones? Este capítulo explicará sus opciones con más detalle. Tenga en cuenta; puede haber más de un beneficio que aplique a su situación. Por lo tanto, lea TODOS y seleccione la opción o las opciones que mejor describan su situación. Discuta sus opciones con los expertos de inmigración que le estén ayudando. Es posible que puedan meter mas más de una solicitud, por ejemplo (asilo, 42b y U-Visa).

En cada proceso, aprenderá cómo obtener un permiso de trabajo, si es posible, o cuándo seria elegible para uno. Un permiso de trabajo (EAD Card) le permitirá trabajar legalmente, recibir un número de seguro social y obtener una licencia de conducir de los Estados Unidos mientras espera una decisión en su caso.

Lea este capítulo con cuidado. Además, consulte los *Capítulos Cuatro* y *Cinco* para aprender cómo construir su caso de manera adecuada y, si es necesario, represéntese ante la corte.

NOTA: encontrará muchas secciones duplicadas ya que los procesos son similares. Lea el título, si cree que podría aplicarse a su caso, lea toda la sección. Marque cuáles puedan aplicarse a usted.

Recuerde, cada caso es diferente y eso incluye el suyo. Aquí damos ideas, úselas cuando consulte con un experto en inmigración.

Entré con visa (pero mi visa ya ha vencido) y me he casado con un ciudadano de los Estados Unidos o con un residente permanente (Petición de Matrimonio)

Como entró con visa, al casarse con un ciudadano de los Estados Unidos usted puede obtener papeles sin volver a su país de origen y tener que solicitar un perdón. Deberá comprobar que su matrimonio es de buena fe. Es técnicamente ilegal usar una visa turista, o la mayoría de las otras visas, con la intención de casarse. Sin embargo, si convence a inmigración que su matrimonio es real, lo más probable es que se lo pasen y aprueben su solicitud. Recuerde, el vencimiento de su visa lo expone a los castigos de tres y diez años si no encuentra la manera de documentarse.

Si está en una relación con personas del mismo sexo: En 2015, la Corte Suprema de los Estados Unidos falló a favor del matrimonio entre personas del mismo sexo, lo que significa que su solicitud no puede negarse por su orientación sexual.

Requisitos individuales:
Demostrar que su matrimonio es de buena fe significa producir documentación para comprobarlo, más demostrar que sería un buen ciudadano de los Estados Unidos. Puede estar en procedimientos de deportación, pero inmigración revisará su solicitud con más detalle. Deberá demostrar que:

- ✓ No ha cometido ningún delito grave
- ✓ Su última entrada a los Estados Unidos fue con una visa
- ✓ Comprobar que el matrimonio fue en buena fe con pruebas documentadas
- ✓ Su pareja (patrocinador) tendrá que demostrar que él o ella gana suficiente dinero para apoyarlo. O necesitará

un copatrocinador. El copatrocinador puede ser un ciudadano o un residente permanente. Su ingreso familiar combinado debe ser basado en los dependientes que tenga:
- o   Dos personas $ 25,032 por año
- o   Tres personas $ 31,500 por año
- o   Cuatro personas $ 37,969 por año

Aunque trabaje sin permiso, puede usar lo que gana para ayudar a que sus ingresos califiquen, asumiendo que ha estado pagando impuestos (tiene un ITIN).

Si su patrocinador es solo un residente permanente, usted NO es inmediatamente elegible para obtener la residencia. Inmigración tiene límites anuales de cuantas tarjetas verdes se pueden dar a personas en este caso. Debe hablar con un experto en inmigración para entender el proceso y el tiempo de espera. El proceso sería mucho más fácil si su patrocinador se convirtiera primero en ciudadano

El proceso: Unas semanas después de que su experto en inmigración haya enviado la solicitud y sus documentes a inmigración, usted recibirá un recibo por correo. Ese es el documento oficial que demuestra que sus documentos están en proceso. **Haga una copia de esta carta y guárdela en caso de que sea detenido.**

Unas semanas más tarde recibirá un aviso para una cita biométrica. El aviso biométrico le dirá cuándo y a dónde ir para que tomen sus huellas.

El proceso puede llevar de varios meses a un año para la entrevista, a la que usted y su pareja deben asistir. Sin embargo, debido a cambios recientes en el proceso, su entrevista podría suceder antes. Si eso sucede, es posible que no reciba su tarjeta EAD/ Permiso de Trabajo. Irá a la entrevista, y si pasa, en unas pocas semanas recibirá su tarjeta verde.

Permiso de Trabajo / Tarjeta EAD: cuando presente su aplicación para la residencia en base de su matrimonio, esto incluye la solicitud de permiso de trabajo I-765 (EAD). Lo más probable es que reciba su tarjeta EAD dentro de 3-4 meses después de hacer sus huellas dactilares.

NOTA: Preste atención a la fecha de vencimiento en su permiso de trabajo. Debe de aplicar tres meses antes de que se caduque para renovarla. Tendrá una extensión automática de seis meses si presenta su renovación a tiempo. Eso significa que puede trabajar hasta seis meses después de la fecha de vencimiento en su tarjeta EAD, si no a llegado su residencia.

Pecios: a partir de mayo de 2018, los precios por la aplicación son $1760. Esto es lo que cobra el gobierno. También deberá pagar un examen médico por separado de $200-$400. Su Experto en Inmigración le cobrará tarifas adicionales por sus servicios.

Entré con visa y me quedé. Tengo parientes cercanos que son ciudadanos de los Estados Unidos (Petición familiar)

Si usted entró con visa y es un pariente inmediato como pareja, padre, madre , hermanos o hijos (soltero y menor de 21 años), podría calificar para la residencia. Sin embargo, existen muchas reglas. Por haber entrado con visa, usted no tendrá que volver a su país de origen y solicitar un perdón.

Requisitos individuales: una petición familiar exitosa incluirá evidencias que respalden su solicitud. Deberá demostrar que:

- ✓ No ha cometido ningún delito grave
- ✓ Su última entrada a los Estados Unidos fue con una visa
- ✓ Comprobar que el matrimonio fue en buena fe con pruebas documentadas
- ✓ Su pareja (patrocinador) tendrá que demostrar que él o ella gana suficiente dinero para apoyarlo o necesitará un copatrocinador. El copatrocinador puede ser ciudadano o residente permanente. Su ingreso familiar combinado debe ser basado en los dependientes que tenga y 125% más de la línea de pobreza establecida por inmigración.
  - o Dos personas $ 25,032 por año
  - o Tres personas $ 31,500 por año
  - o Cuatro personas $ 37,969 por año

Aunque trabaje sin permiso, puede usar lo que gana para ayudar a que sus ingresos califiquen, asumiendo que ha estado pagando impuestos (tiene un ITIN).

Si su patrocinador de la petición familiar/matrimonio I-130 es solo un residente permanente, usted NO es inmediatamente elegible para obtener la residencia. Inmigración tiene límites anuales de cuantas tarjetas verdes se pueden dar a personas en este caso. Debe hablar con un experto en inmigración para entender el proceso y el tiempo de espera. El proceso sería mucho más fácil si su patrocinador se convirtiera primero en ciudadano.

El proceso: Unas semanas después de que su experto en inmigración haya enviado la solicitud y sus documentes a inmigración, usted recibirá un recibo por correo. Ese es el documento oficial que demuestra que sus documentos están en proceso. Haga una copia de esta carta y guárdela en caso de que sea detenido.

Unas semanas más tarde recibirá un aviso para una cita biométrica. El aviso biométrico le dirá cuándo y a dónde ir para que tomen sus huellas.

El proceso puede llevar de varios meses a un año para la entrevista, a la que usted y su pareja deben asistir. Sin embargo, debido a cambios recientes en el proceso, su entrevista podría suceder antes. Si eso sucede, es posible que no reciba su tarjeta EAD/ Permiso de Trabajo. Irá a la entrevista, y si pasa, en unas pocas semanas recibirá su tarjeta verde.

Permiso de Trabajo/ Tarjeta EAD: cuando presente su aplicación para la residencia por una petición familiar, esto incluye la solicitud para un permiso de trabajo I-765 (EAD). Lo más probable es que reciba su permiso (EAD) dentro de 3-4 meses después de hacer sus huellas.

NOTA: Preste atención a la fecha de vencimiento en su permiso de trabajo. Debe de aplicar tres meses antes de que se caduque para renovarla. Tendrá una extensión automática de seis meses si presenta su renovación a tiempo. Eso significa que puede trabajar hasta seis meses después de la fecha de vencimiento en su tarjeta EAD, si no a llegado su residencia.

Pecios: a partir de mayo de 2018, los precios por la aplicación son $1760. Esto es lo que cobra el gobierno. También deberá pagar un examen médico por separado de $200-$400. Su Experto en Inmigración le cobrará tarifas adicionales por sus servicios.

Soy indocumentado y me he casado con un ciudadano de los Estados Unidos o residente permanente (Petición de Matrimonio)

Mucha gente piensa que casarse con un ciudadano de los Estados Unidos es todo lo que se necesita para ser legal. Sin embargo, eso es solo la mitad de la verdad.

Casarse con un ciudadano de los Estados Unidos no le otorga un pase automático a la residencia legal.

Llegué como Indocumentado: como una persona indocumentada que cruzó la frontera sin una visa, obtener la residencia por su matrimonio con un ciudadano de los Estados Unidos no es tan fácil. Su petición de matrimonio (I-130) probablemente será aprobada, pero luego debe solicitar un perdón (I-601A) y demostrar que estar separado de su pareja ciudadano/residente de los Estados Unidos significaría dificultades extremas para él o ella. Una dificultad extrema significa proporcionar pruebas, como registros médicos o psicológicos, de que su pareja está enferma y sufriría una extrema dificultad mental o física si estuvieran separados.

Una vez aprobado, DEBE regresar a su país de origen para una entrevista en el Consulado de los Estados Unidos. No hay garantías. Si el consulado está convencido de su caso, le permitirán volver a ingresar legalmente a los Estados Unidos, y usted será elegible para una tarjeta verde. De lo contrario, inmigración podría prohibirle que vuelva a ingresar durante 3 a 10 años. Depende totalmente de ellos. **Vea el Capítulo Cuatro sobre cómo desarrollar su historia de dificultades extremas.**

Si está en una relación con personas del mismo sexo: En 2015, la Corte Suprema de los Estados Unidos falló a favor del matrimonio entre personas del mismo sexo, lo que significa que su solicitud no puede negarse por su orientación sexual.

ATENCIÓN: Si tiene menos de 18 años o han pasado menos de 180 días después de que ha cumplido los 18 años, puede realizar el proceso consular con una petición de matrimonio (I-130). Es mucho más fácil que el perdón (I601A). Tendrá que regresar a su país de nacimiento antes de los 180 días después de cumplir 18 (a más tardar). El proceso es corto.

Requisitos individuales: Demostrar que su matrimonio fue de buena fe significa producir documentación para apoyar su solicitud, como fotos, cuentas bancarias juntas y contratos de vivienda conjuntos o propiedades. Deberá demostrar:

- ✓ No debe haber cometido ningún delito grave (debe ser admisible)
- ✓ Deberá demostrar "dificultades extremas" si está separado de su pareja
- ✓ Su pareja (patrocinador) tendrá que demostrar que él o ella gana suficiente dinero para apoyarlo o necesitará un copatrocinador. El copatrocinador puede ser ciudadano o residente permanente. Su ingreso familiar combinado debe ser basado en los dependientes que tenga y 125% más de la línea de pobreza establecida por inmigración.
  - o   Dos personas $ 25,032 por año
  - o   Tres personas $ 31,500 por año
  - o   Cuatro personas $ 37,969 por año

Aunque trabaje sin permiso, puede usar lo que gana para ayudar a que sus ingresos califiquen, asumiendo que ha estado pagando impuestos (tiene un ITIN).

Si no cumplen con el requisito de ingreso mínimo, puede utilizar un copatrocinador. Sin embargo, debido a negaciones recientes de aplicaciones, se recomienda que el copatrocinador sea un miembro de la familia.

El proceso: Si llegaste sin documentos, el proceso es más difícil que para los que entraron con visa o los que se quedaron más del tiempo asignado. Su experto en inmigración presentará la petición I-130 (Petición de Matrimonio). Después de que sea aprobada, su experto en inmigración presentará el perdón (I601A). Una vez que se apruebe, usted recibirá su fecha de entrevista en un consulado en su país de origen. Si todo va bien en la entrevista, recibirá la residencia.

RECUERDA: la petición de matrimonio/familiar (I-30) solo sirve para iniciar el proceso. Para poder salir a tu país de origen y pedir un perdón (I601A) necesitas una petición de matrimonio/familiar aprobada!

Permiso de Trabajo: No hay permiso de trabajo disponible durante el proceso de esta aplicación.

Precios: A partir de mayo de 2018, las tarifas para el I-601A son $630, la petición de matrimonio es de $535, y el proceso consular es de $ 325 + $ 120 y $ 85 para las huellas. Su Experto en Inmigración le cobrará tarifas adicionales por sus servicios.

Soy indocumentado y tengo familiares cercanos que son ciudadanos o residentes de los Estados Unidos (Petición familiar)

Si llego a los Estados Unidos sin inspección (sin documentación), solo ciertos familiares cercanos pueden presentar una petición familiar por usted. Tendrá que demostrar que estar separado de su familiar ciudadano implicaría dificultades extremas para ellos. También es bueno poder demostrar que ha estado proporcionando la mayor parte de los ingresos para la familia, y que su familiar no puede trabajar o solo puede trabajar tiempo parcial. Una vez aprobado, DEBE regresar a su país de origen para una entrevista en el Consulado de los Estados Unidos. Vea el capítulo cuatro sobre cómo desarrollar su historia de dificultades.

NOTA: El pariente calificado para la petición I-601A no tiene que ser el que es el peticionario en la aplicación I-130 (que solo es necesario para iniciar el proceso de I-601 A/el perdón). La dificultad extrema para el perdón es independiente de la Petición familiar I-130 (pueden ser dos personas diferentes). También puede tener más de un miembro calificado de la familia para la petición (por ejemplo, padre y cónyuge).

Requisitos individuales: una petición de familia exitosa incluirá documentación que apoye su aplicación. Deberá demostrar:

- ✓ Nunca haber cometido ningún delito grave (debe ser admisible)
- ✓ Deberá demostrar "dificultades extremas" si está separado de su familiar

✓ Su familiar (patrocinador) tendrá que demostrar que él o ella gana suficiente dinero para apoyarlo o necesitará un copatrocinador. El copatrocinador puede ser ciudadano o residente permanente. Su ingreso familiar combinado debe ser basado en los dependientes que tenga y 125% más de la línea de pobreza establecida por inmigración.
   o   Dos personas $ 25,032 por año
   o   Tres personas $ 31,500 por año
   o   Cuatro personas $ 37,969 por año

Si vives juntos, puedes usar tus ingresos para calificar, incluso si trabajas sin permiso, asumiendo que ha estado pagando impuestos (p. ej. tiene un ITIN).

Si tu peticionario familiar no cumple con el requisito de ingreso mínimo, puede utilizar un copatrocinador. Sin embargo, debido a negaciones recientes de aplicaciones, se recomienda que el copatrocinador sea un miembro de la familia. Si viven juntos, aunque esté trabajando sin permiso, puede usar sus ingresos para calificar.

ATENCIÓN: Si tiene menos de 18 años o han pasado menos de 180 días después de que ha cumplido los 18 años, puede realizar el proceso consular con una petición de familiar (I-130). Es mucho más fácil que el perdón (I601A). Tendrá que regresar a su país de nacimiento antes de los 180 días después de su cumpleaños número 18 (a más tardar). El proceso es corto.

El proceso: Si llegaste sin documentos, el proceso es más difícil que para los que entraron con visa o los que se quedaron más del tiempo asignado. Su experto en inmigración presentará la petición I-130 (Petición de Familia).

Después de que sea aprobada, su experto en inmigración

presentará el perdón (I601A). Una vez que se apruebe, usted recibirá su fecha de entrevista en un consulado en su país de origen. Si todo va bien en la entrevista, recibirá la residencia.

RECUERDA: la petición de matrimonio/familiar (I-30) solo sirve para iniciar el proceso. Para poder salir a tu país de origen y pedir un perdón (I601A) necesitas una petición de matrimonio/familiar aprobada!

Permiso de Trabajo: No hay permiso de trabajo disponible durante el proceso de esta aplicación.

Precios: A partir de mayo de 2018, las tarifas para el I-601A son $630, la petición de matrimonio es de $535, y el proceso consular es de $ 325 + $ 120 y $ 85 para las huellas. Su Experto en Inmigración le cobrará tarifas adicionales por sus servicios.

Soy indocumentado, y estoy casado con, o el niño / padre de alguien que está o estuvo en el ejército (Military Parole in Place)

NOTA: Esto también aplica a padres o hijos solteros (menores de 21 años) de miembros militares. Si tiene un hijo, hija, padre o madre que es o estuvo en el ejército de los Estados Unidos, podría calificar para una tarjeta de residencia mediante la misma petición. En lugar de proporcionar un certificado de matrimonio, usted proporciona un certificado de nacimiento.

Obtener la residencia con esta petición es más fácil, ya que los Estados Unidos ama a sus militares. Es solo para personas que llegaron a los Estados Unidos sin inspección (indocumentados). Si inmigración aprueba la petición, su entrada no documentada será perdonada. Sin embargo, Military Parole in Place es "discrecional". Eso significa que depende de cada oficina local de inmigración. La libertad condicional militar en el lugar esta solo disponible para militares activos o los que han sido despedidos honorablemente.

Requisitos individuales: los requisitos son pocos en comparación con muchas aplicaciones.
- ✓ Debe haber llegado a los Estados Unidos sin inspección
- ✓ No debe haber cometido ningún delito grave
- ✓ Su pareja / peticionario debe estar en el ejército o ser un veterano

El proceso: complete el formulario **I-131**, que es un documento de viaje, pero también se usa para esta petición y luego incluya:
- ✓ Prueba de servicio militar (actual o descargo honorable)
- ✓ Comprobante de matrimonio o relación familiar (copia del certificado)

✓ Declaraciones juradas de amigos y familiares, vecinos, empleadores de su buena reputación en su comunidad
✓ Copia de su pasaporte o documento de identidad

Envíe los documentos a su oficina local de inmigración y espere la cita. La entrevista es corta. Una vez que se apruebe, usted es elegible para solicitar su tarjeta verde sin tener que abandonar el país y solicitar un perdón. Con sus documentos, ahora solicitará la Residencia Permanente por parte de su familiar militar. Una vez que realice todo el proceso, recibirá su tarjeta verde.

Permiso de Trabajo / Tarjeta EAD: cuando presente su aplicación para la residencia por una petición familiar, esto incluye la solicitud para un permiso de trabajo I-765 (EAD). Lo más probable es que reciba su permiso (EAD) dentro de 3-4 meses después de hacer sus huellas.

NOTA: Preste atención a la fecha de vencimiento en su permiso de trabajo. Debe de aplicar tres meses antes de que se caduque para renovarla. Tendrá una extensión automática de seis meses si presenta su renovación a tiempo. Eso significa que puede trabajar hasta seis meses después de la fecha de vencimiento en su tarjeta EAD, si no a llegado su residencia.

Precios: A partir de mayo de 2018, la aplicación para Military Parole in Place es gratuita. La tarifa de solicitud para la residencia es de $ 1760. También deberá pagar el examen médico $200-400. Su Experto en Inmigración le cobrará tarifas adicionales por sus servicios.

Vine a los Estados Unidos como menor de 18 años sin padres o tutores legales y temo por mi vida si regreso a mi país.
(UAC- Asilo para niños no acompañados)

UAC se refiere a una persona menor de 18 años que cruzó la frontera sin padres o un tutor legal y está buscando asilo en los Estados Unidos, ya que fueron amenazados, acosados, perseguidos o maltratados en su país de origen.

Es importante saber que la razón de venir a los Estados Unidos tuvo que ser por miedo y no porque buscaban una vida mejor o porque querían estar con tus padres.

Lo que significa ser un UAC (varias posibilidades):
✓ Cruzó la frontera sin sus padres o tutor legal y lo arresto, o se entregó a inmigración.
  o En este caso, inmigración le dio documentos que lo reconocen como UAC. Estos documentos serán importantes cuando presente su solicitud de Asilo.
✓ Cruzó la frontera e Inmigración no sabe que está aquí, y todavía es menor de 18 años.
  o En este caso, DEBE presentar su solicitud de UAC ANTES de cumplir los 18 años, no importa si vive con sus padres o tutor legal. La aprobación de su aplicación de UAC depende de su historia que lo califica para asilo. Vea el capítulo cuatro sobre cómo desarrollar su historia.
✓ Si está en proceso de deportación / no tiene un estatus legal, y es menor de 18 años:
  o En este caso, debe presentar su solicitud de asilo ANTES de que cumpla 18 años. Ganar su caso y obtener estatus legal depende de su historia de asilo.

Si llegó a los Estados Unidos como menor de 18 años pero ahora tiene **más de 18 años**, y la Inmigración no sabe que usted está aquí, ya es demasiado tarde. Deberá solicitar el Asilo afirmativo.

Sería conveniente encontrar un experto en inmigración o una organización que lo ayude con su solicitud de Asilo (Formulario I-589). Tiene un año desde el momento en que llegó para aplicar. Si ha pasado más de un año, un buen Experto en Inmigración y una razón por la cual usted no entendió el sistema y no aplicó, o simplemente si tuvo demasiado miedo por su vida y ahora pude superar este problema y aplicar.

Requisitos individuales:
- ✓ Tener menos de 18 años cuando llego a los Estados Unidos
- ✓ Tiene una prueba en escrito **de la Oficina de Reasentamiento** de Refugiados que ingresó como UAC
- ✓ Temor por su vida si regresaría a su país
- ✓ No debe haber cometido ningún delito grave

El Proceso: Si llegó a los Estados Unidos como menor de edad (menor de 18 años) y tiene una buena razón por la que desea solicitar el asilo, tiene muchas posibilidades de que se le permita permanecer en los Estados Unidos. Si no tiene padres familiares en los Estados Unidos, inmigración le dará un lugar para quedarse. Recuerde: el testimonio solo (una historia sin pruebas) suele ser suficiente para que inmigración crea su historia. Lea el capítulo cuatro para aprender cómo desarrollar tu historia.

Deberá completar la aplicación I589 (Asilo). El proceso es mucho más fácil como menor que como adulto. Tendrá que asistir a una entrevista con un oficial de Asilo. El proceso de la entrevista es más fácil de aprobar que el Asilo Afirmativo o defensivo. Recuerde, TODO depende de su historia. Un experto en inmigración o una organización de inmigración lo ayudará con el proceso.

Permiso de trabajo / Tarjeta EAD: Después de enviar su solicitud a inmigración, recibirá un recibo. Habrá una fecha sellada en el aviso. Desde esta fecha en adelante, cuente 150 días. Después de esos 150 días puede enviar su solicitud para un permiso de trabajo. Luego, recibirá su permiso de trabajo aproximadamente tres meses después. La tarjeta es válida por dos años mientras se encuentra en proceso para obtener asilo. Puede continuar renovándola hasta que el proceso esté completo. No se cobra nada por la primera solicitud, pero cada renovación costara $ 410.

NOTA: Preste atención a la fecha de vencimiento en su permiso de trabajo. Debe de aplicar tres meses antes de que se caduque para renovarla. Tendrá una extensión automática de seis meses si presenta su renovación a tiempo. Eso significa que puede trabajar hasta seis meses después de la fecha de vencimiento en su tarjeta EAD.

ATENCTÓN: Si planea mudarse a un nuevo estado mientras se encuentra en un procedimiento, hacerlo detendrá el "reloj de 180 días". Detener el reloj extiende el tiempo de espera para obtener su permiso EAD. Una vez que tenga el permiso de trabajo, puede usarlo en cualquier estado para conseguir un trabajo. Sugerimos que no se mude ni realice ningún cambio en su aplicación durante los primeros 180 días

Precios: La solicitud de UAC / Asilo es gratuita. Su Experto en Inmigración le cobrará tarifas adicionales por sus servicios.

Si regreso a mi país, temo que me lastimen o me maten (Asilo)

Como persona indocumentada en los Estados Unidos, entienda que el asilo podría ser su única oportunidad de obtener un estatus legal. Pedir asilo le permitirá quedarse en los Estados Unidos indefinidamente, suponiendo que tenga un temor creíble si lo regresan a su país de origen. No existe una lista específica de países que haga que se apruebe automáticamente su solicitud. Si proviene de un país industrializado como Alemania, Canadá o Australia, por ejemplo, esta opción NO es para usted. **NOTA: Para cualquier caso de Asilo, no es necesario que proporcione evidencia.** En la corte de inmigración, el testimonio solo es prueba suficiente si la corte cree su historia. Sin embargo, es útil contar con evidencia para ayudar a demostrar su historia. Se le otorga un plazo de un año para solicitar asilo, pero una buena razón y la ayuda de un experto en inmigración puede ayudarle a usted aunque haya pasado más de un año.

Aquí hay algunas preguntas que lo ayudarán a saber si califica para el asilo:
- ✓ ¿Vino a los Estados Unidos porque teme daño físico o psicológico en su país de origen?
- ✓ ¿Vino a los Estados Unidos porque experimentó un trauma personal en su país de origen?
- ✓ ¿Vino a los Estados Unidos porque su familia fue amenazada, herida o asesinada en su país de origen?
- ✓ ¿Es parte de un grupo religioso que es discriminado y a menudo torturado o asesinado en su país de origen?
- ✓ ¿Su profesión (político, organizador social o docente u otra posición que el gobierno ve como una amenaza) en su país de origen pone su vida en riesgo de daño?
- ✓ ¿Las pandillas están fuera de control en su país de origen y tiene evidencia o una historia de que han estado tratando de reclutarlo a usted o a sus hijos?

- ✓ ¿Informó usted o de alguna manera cooperó con funcionarios de su país de origen sobre crímenes o actividades de pandillas y lo han amenazado debido a su conocimiento?
- ✓ ¿Su raza étnica o casta es discriminada y su vida estaría en peligro si regresara a su país de origen?
- ✓ ¿Fuiste abusado sexualmente o físicamente en tu país de origen y continuaría,   o la sociedad te rechazaría según las costumbres locales si te devolvieran a tu país de origen?
- ✓ Usted es víctima de sexo forzado o trabajo esclavo en su país de origen, y ¿le volvería a suceder esto si regresara?
- ✓ ¿Sería usted o sus hijos gravemente discriminados porque es mujer o es gay en su país de origen?
- ✓ ¿Estás seguro de que, independientemente de dónde vivieras en tu país, estarías temeroso de tu vida?

Si alguna de estas preguntas coincide en su experiencia, el asilo es una buena opción. Debe presentar evidencia de que teme que si es deportado sufriría un trauma, acoso severo, amenazas o muerte. Un buen experto en inmigración lo ayudará a explicar bien su caso.

Es muy útil contar con pruebas, como artículos de periódicos, cicatrices físicas, informes psicológicos de un psicólogo de EE. UU. y posiblemente informes policiales que expliquen su historia. Aunque haya vivido en los Estados Unidos durante 20 años, puede solicitar asilo. Sin embargo, antes de hacer algo, lea cómo desarrollar su historia de asilo en el *Capítulo Cuatro*.

Requisitos individuales:
- ✓ Lo más importante es tener una buena historia sobre lo que temes

- ✓ Es mejor si solicita asilo antes de que pase un año desde su llegada
- ✓ Si ha pasado más de un año, necesitará una buena razón por la cual no pidió asilo antes de que pasara un año
- ✓ No debe haber cometido ningún delito grave
- ✓ Tener más de 18 años (si es menor, consulte la información sobre UAC en este capítulo)

Hay dos tipos de asilo; AFRIMATIVO y DEFENSIVO. Asilo afirmativo es si no está en proceso de deportación (inmigración no sabe que usted está aquí) o si llegó con una visa. Defensivo es si usted está en proceso de deportación. La ley establece que debe solicitar el asilo durante el primer año que ingresó a los Estados Unidos. Sin embargo, una vez más, una buena historia y un experto en inmigración bien informado puede ayudarle a superar esta regla.

La diferencia entre los dos tipos de asilo está en el proceso:

- ✓ **Asilo Afirmativo:** un oficial de asilo lo entrevista (no hay un abogado de ICE presente), y debe traer su intérprete si no habla inglés.
- ✓ **Asilo Defensivo:** ira a corte y se presentará ante un juez, y un abogado de ICE estará presente para contrainterrogar e intentar descalificar su historia. El tribunal proporcionará un intérprete.

Su historia de asilo y las razones por las que vino a los Estados Unidos es lo mismo (afirmativo o defensivo) y requiere la misma evidencia en cada caso.

Asilo Afirmativo

No está en proceso de deportación y nunca ha sido arrestado por inmigración (nadie sabe que usted está aquí). O llego a los Estados Unidos con una visa y su visa sigue siendo válida, o se quedó más tiempo de lo que su visa permitía. Tendrá que enviar su solicitud de asilo a inmigración (USCIS), recuerde que tendrá que tener una historia de asilo. **Debe presentar su solicitud dentro del primer año de su llegada, pero si ha estado aquí por más de un año, no intente hacerlo sin trabajar con una organización de inmigración o un experto en inmigración.**

Pueden pasar de unos meses o hasta un año antes de que reciba su fecha para la entrevista de asilo. Desea usar este tiempo para preparar su historia. Lea el *Capítulo Cuatro* sobre cómo desarrollar su historia. Después de la entrevista, será denegado o aprobado. Si se aprueba, se convertirá en un Asilado. Después de un año, puede solicitar una tarjeta verde (residencia permanente).

Si el oficial de Inmigración niega su solicitud, lo referirán a un juez y lo pondrán proceso de deportación. Por esto, tendrá una segunda oportunidad para contar su historia en la corte. Recuerde, en la corte; usted también se enfrentará al abogado de ICE. Si el juez cree en tu historia y te otorga el estado de Asilado, después de un año, puedes solicitar una tarjeta verde. Si el juez también lo niega, tiene dos opciones:

1) Firmar la salida voluntaria. Tendrá entre 60 y 120 días para preparar su salida y abandonar el país voluntariamente. Es una buena opción porque no tendrá un castigo de 3 o 10 años en su registro de inmigración. Puede solicitar una visa en el futuro. Tenga en cuenta que hay ciertas reglas para calificar para la salida voluntaria.

2) Puede apelar la decisión del juez. La próxima apelación costará más dinero porque no puede hacer esto sin un abogado, pero puede comprarle más tiempo en los Estados Unidos. El proceso de las tres apelaciones lleva aproximadamente de tres a cinco años. Si pierde la apelación final, debe darse cuenta de que tiene que regresar a su país de origen, y le darán un castigo de tres a diez años sin poder regresar o aplicar para regresar a los Estados Unidos.

Permiso de trabajo / Tarjeta EAD: después de haber enviado su solicitud I-589, recibirá un aviso de recibo. Después de 150 días de la fecha que tiene su recibo, usted puede solicitar su permiso de trabajo. En aproximadamente tres meses, recibirá su permiso (EAD). No tendrá que pagar por su permiso la primera vez. Por cada renovación, tendrá que pagar $ 410. Junto con su permiso de trabajo (tarjeta EAD), recibirá su número de seguro social. Con eso, puede obtener una Licencia de Conducir del Estado.

NOTA: Preste atención a la fecha de vencimiento en su permiso de trabajo. Debe de aplicar tres meses antes de que se caduque para renovarla. Tendrá una extensión automática de seis meses si presenta su renovación a tiempo. Eso significa que puede trabajar hasta seis meses después de la fecha de vencimiento en su tarjeta EAD.

ATENCIÓN: Si planea mudarse a un nuevo estado mientras se encuentra en un procedimiento, hacerlo detendrá el "reloj de 180 días". Detener el reloj extiende el tiempo de espera para obtener su permiso EAD. Una vez que tenga el permiso EAD, puede usarlo en cualquier estado para conseguir un trabajo. Sugerimos que no se mude ni realice ningún cambio en su aplicación durante los primeros 180 días.

Asilo Defensivo

Esto significa que ha sido capturado o detenido ya sea en la frontera o dentro del país. Tendrá que defenderse en la corte.

Completará la solicitud de asilo I-589 y la presentará en la corte y enviará una copia a la oficina de Inmigración de ICE. Debe informar a la corte que está solicitando asilo en su Audiencia Maestra (preliminaria) (Master Hearing). **Lea el Capítulo Cinco sobre cómo defenderse en la corte. Le recomendamos que no intente esto sin un experto en inmigración.**

En su Audiencia Maestra (preliminaria) (Master Hearing), aparecerá y recibirá un aviso para su próxima audiencia magistral o audiencia individual. Una vez que tenga la fecha para su audiencia individual, debe comenzar a preparar su caso y sus pruebas. Por ejemplo, localizar artículos de periódicos, cartas de amigos y familiares, su declaración personal e informes psicológicos que apoyen su historia. **Consulte el Capítulo Cuatro para aprender cómo desarrollar su historia.**

El proceso de organizar documentos y saber dónde y cuándo enviarlos es complicado. Le sugerimos que se comunique con una organización de inmigración para obtener ayuda o contrate a un experto en inmigración para que lo ayude. **Lea el Capitulo Cuatro sobre cómo desarrollar su historia y el Capitulo Cinco sobre cómo representarse en la corte.**

Recuerde, en la corte; También se enfrentará al abogado de ICE cuyo trabajo es convencer al juez que rechace su solicitud y lo deporte. Cuanto mejor estés preparado, mejores serán tus posibilidades de éxito.

En su Audiencia Individual (el juicio grande), tendrá la oportunidad de contar su historia al juez. Si el juez cree su historia y aprueba su caso, usted recibe el estado de Asilado, y después de un año, puede solicitar una tarjeta verde. Si el juez lo niega, tiene dos opciones:

1) **Firmar la salida voluntaria**. Tendrá entre 60 y 120 días para preparar su salida y abandonar el país voluntariamente. Es una buena opción porque no tendrá un castigo de 3 o 10 años en su registro de inmigración. Puede solicitar una visa en el futuro. Tenga en cuenta que hay ciertas reglas para calificar para la salida voluntaria.

2) **Puede apelar la decisión del juez**. La próxima apelación costará más dinero porque no puede hacer esto sin un abogado, pero puede comprarle más tiempo en los Estados Unidos. El proceso de las tres apelaciones lleva aproximadamente de tres a cinco años. Si pierde la apelación final, debe darse cuenta de que tiene que regresar a su país de origen, y le darán un castigo de tres a diez años sin poder regresar o aplicar para regresar a los Estados Unidos

Permiso de trabajo / Tarjeta EAD: Después de enviar su solicitud a inmigración, recibirá un recibo. Habrá una fecha sellada en el aviso. Desde esta fecha en adelante, cuente 150 días. Después de esos 150 días puede enviar su solicitud para un permiso de trabajo. Luego, recibirá su permiso de trabajo aproximadamente tres meses después. La tarjeta es válida por dos años mientras se encuentra en proceso para obtener asilo. Puede continuar renovándola hasta que el proceso esté completo. No se cobra nada por la primera solicitud, pero cada renovación costara $ 410.

Precios: La solicitud de Asilo es gratuita.

He cometido crímenes graves, pero si soy devuelto a mi país, seré herido, torturado o asesinado (CAT)

CAT-Convención contra la Tortura: CAT está limitado a las personas que han cometido delitos graves en los Estados Unidos y tienen una certeza superior al 50% de que, si son devueltos a su país de origen, serían gravemente dañados o asesinados. Obtener protección CAT es difícil.

Al igual que la Suspensión/Retención de la Deportación, la protección bajo CAT es obligatoria si cumple con todos los requerimientos.

Al igual que la Suspensión de la Deportación, la protección bajo CAT es obligatoria si cumple con todos los requisitos. Debe demostrar que experimentará dolor físico o mental intencional y grave por parte del gobierno de su país de origen o, por parte de otros y de un consentimiento oficial del gobierno.

Si no es elegible para el asilo y la suspensión de la deportación, CAT (Convención contra la Tortura) es la única posibilidad de permanecer en los Estados Unidos.

Requisito de delito grave:
- ✓ ¿Ha sido sentenciado a un total combinado de cinco o más años en prisión por condenas de delitos agravados?
- ✓ ¿Tenía condenas penales relacionadas con la venta o el contrabando de drogas?
- ✓ ¿Ha estado involucrado en violencia significativa, daño o un riesgo serio para otros?
- ✓ ¿Ha apoyado o participado en grupos terroristas?

Tenga en cuenta; este es el nivel más bajo de asilo y el más difícil de obtener. Significa que nunca será elegible para una tarjeta verde o ciudadanía.

Si obtienes CAT:
- ✓ Se le pedirá que pague una tarifa anual por su permiso de trabajo.
- ✓ Nunca puede viajar fuera de los Estados Unidos.
- ✓ Y, el gobierno de EE. UU. tiene el derecho de trasladarlo a otro país que no sea su país de origen.
- ✓ Si las condiciones cambian en su país de origen, ICE puede decidir deportarlo

En unos casos puede ser que acabe con una "orden de supervisión". Esto significa que tendrá que reportarse con inmigración regularmente. Y tendrá que solicitar permiso antes de mudarse a otro estado.

Requisitos individuales:
- ✓ Usted debe poder probar, con mayor probabilidad que, si lo devuelven a su país de origen, alguien lo lastimaría o lo matará.
- ✓ El gobierno de su país de origen debe estar involucrado o al menos de acuerdo con los que buscan hacerle daño
- ✓ Haber cometido crímenes graves en los Estados Unidos que lo hacen inelegible para asilo o cancelación de deportación.

El proceso: Los solicitantes de CAT deben completar la solicitud de asilo I-589. Incluso con mucho evidencia y testigos, las solicitudes de CAT usualmente se niegan porque los requisitos son muchos y difíciles de cumplir. Es esencial que trabaje con un experto en inmigración en su caso.

Permiso de trabajo (EAD): Si no está detenido ni en prisión cuando presenta su solicitud, la corte sellará su solicitud original de asilo / cancelación de deportación con una fecha de recibo. A partir de esa fecha, cuente 150 días. Después de los 150 días, puede solicitar un permiso de trabajo. Recibirá su tarjeta EAD aproximadamente tres meses después de eso. Con el permiso de trabajo, recibirá su número de seguro social. Eso le permitirá solicitar una licencia de conducir del Estado. La primera aplicación es gratis. Después de eso tendrá que pagar $ 410.

Precio: La aplicación CAT es gratuita. Su Experto en Inmigración le cobrará tarifas adicionales por sus servicios. Su Experto en Inmigración le cobrará tarifas adicionales por sus servicios

He entrado a los Estados Unidos más de una vez y me han atrapado o he cometido crímenes menores en los Estados Unidos y sería perjudicado si regreso a mi país (suspensión de deportación)

La suspensión de deportación es una orden especial decidida por un juez de inmigración. Debe probar que tiene más del 50% de posibilidad que le harían daño si regresa a su país de origen.

La suspensión de deportación es para personas que no califican para asilo porque han cometido ciertos tipos de crímenes, como varias entradas sin papeles, o demasiados DUI's por ejemplo. Consulte con un experto en inmigración para obtener una lista completa. No tiene que presentarse en un año como el asilo, y NO es discrecional. Eso significa que, si prueba que es elegible para la suspensión, un juez DEBE otorgarle su solicitud.

Tenga en cuenta; este es el nivel más bajo de asilo y el más difícil de obtener. **Significa que nunca será elegible para una tarjeta verde o ciudadanía.**

- ✓ Se le pedirá que pague una tarifa anual por su permiso de trabajo.
- ✓ Nunca puede viajar fuera de los Estados Unidos.
- ✓ Y, el gobierno de los Estados Unidos tiene el derecho de trasladarlo a otro país que no sea su país de origen.

En unos casos puede ser que acabe con una "orden de supervisión". Esto significa que tendrá que reportarse con inmigración regularmente. Y tendrá que solicitar permiso antes de mudarse a otro estado.

Una gran diferencia entre el asilo y la suspensión de deportación es que la evidencia debe ser incuestionable (informes de países, testigos personales, cicatrices físicas) y que lo más probable es que te hagan daño si regresas a tu país

Requisitos individuales:

✓ Debe poder demostrar que alguien le hará daño o matará si regresa a su país de origen.

✓ Ha cometido delitos menores en los Estados Unidos que lo hacen inelegible para el asilo.

El Proceso: La forma es de la misma forma que se usa en un caso de asilo, I-589. Solo un Juez puede otorgar la suspensión de deportación. **Consulte la sección sobre el asilo en este Capítulo y lea el Capítulo Cuatro, contando su historia.** Si pierde tiene dos opciones

1) **Puede apelar la decisión del juez.** El proceso costará más dinero, y no puede hacer esto sin un abogado. Puede comprarle más tiempo, aproximadamente de tres a cinco años durante el cual puede trabajar. Puedes apelar hasta tres veces. Si pierde la apelación final, debe regresar a su país de origen y tendrá un castigo de tres a diez años fuera de los Estados Unidos.

2) **Salida Voluntaria**: Permitir que la inmigración te deporte.

Permiso de trabajo / Tarjeta EAD: Después de enviar su solicitud a inmigración, recibirá un recibo. Habrá una fecha sellada en el aviso. Desde esta fecha en adelante, cuente 150 días. Después de esos 150 días puede enviar su solicitud para un permiso de trabajo. Luego, recibirá su permiso de trabajo aproximadamente tres meses después. La tarjeta es válida por dos años mientras se encuentra en proceso para obtener asilo. Puede continuar renovándola hasta que el proceso esté completo. No se cobra nada por la primera solicitud, pero cada renovación costara $ 410.

Precio: La aplicación I-589 es gratuita. Su Experto en Inmigración le cobrará tarifas adicionales por sus servicios

ATTN: Si planea mudarse a un nuevo estado mientras se encuentra en un procedimiento, hacerlo detendrá el "reloj de 180 días". Detener el reloj extiende el tiempo de espera para obtener su permiso EAD. Una vez que tenga el permiso EAD, puede usarlo en cualquier estado para conseguir un trabajo. Sugerimos que no se mude ni realice ningún cambio en su aplicación durante los primeros 180 días.

He estado en los Estados Unidos entre 3 y 10 años: Cancelación de Deportación 42-B

La Cancelación de Deportación por 10 años - 42-B Parte 1

La "Cancelación de Deportación por 10 años" solo ocurre si ya se encuentra en un proceso de deportación. Recibió una carta de Aviso de Presencia (NTA) de ICE (un documento que le explica los motivos por los cuales inmigración debería deportarlo). 42B es difícil de obtener, y debe estar preparado para proporcionar un argumento creíble sobre por qué la corte debe cancelar su orden de deportación. Si la corte está de acuerdo con sus razones, puede obtener la residencia.

Requisitos Individuales: Se le permitirá eventualmente recibir una tarjeta verde si cumple TODOS los siguientes requisitos:

- ✓ Comprobar que ha vivido en los EE. UU. durante más de diez años antes de la fecha del aviso de ICE y que no ha salido del país por más de un período de tres meses. Las pruebas pueden ser antecedentes bancarios, contratos de alquiler, o registros escolares de niños.
- ✓ Tiene un padre, esposa o esposo, o un niño que actualmente es residente permanente o ciudadano estadounidense y, lo más importante, debe probar que estas personas padecen enfermedades mentales o físicas, y puede probar que su deportación podría causarle dificultades extremas. Un buen experto en inmigración puede ayudarlo con este proceso. Lea el Capítulo Cuatro sobre cómo desarrollar su historia de dificultades extremas
- ✓ Ha sido una buena persona en su comunidad y puede demostrar que tiene "buen carácter moral". Deberá demostrarlo con cartas de amigos y su empleador,

Igual con pruebas que no tiene graves condenas penales, como cargos por violencia doméstica.
✓ Debe estar en un proceso judicial de deportación

El reloj de diez años. Deberá comprobar que ha vivido continuamente en los Estados Unidos durante al menos diez años. El reloj comienza en el momento en que puedes demostrar que estabas en los Estados Unidos. Esto puede probarse con recibos, talones de cheques, usted es el padre de un niño nacido en los Estados Unidos, cartas escritas de personas que lo conocen; son ejemplos. El reloj se detiene cuando sales de los Estados Unidos por más de 90 días o recibes un Aviso de Presencia (NTA) de inmigración. Si no puede convencer a la corte de que ha vivido aquí durante al menos diez años, no será elegible para la Cancelación de Deportación.

El Proceso: usted y su experto en inmigración completarán y enviarán la solicitud 42B. Por lo general, es antes de su Audiencia Maestra (Master Hearing). Puede haber más de una Audiencia Maestra. En este punto, no tiene que proporcionar evidencia. Poco después de su Audiencia Magistral, debe comenzar a reunir pruebas para respaldar su caso para su Audiencia Individual. Necesitará recolectar muchos documentos. Los ejemplos incluyen registros médicos de su pareja legal o hijos, registros psicológicos de su pareja legal o hijos (depresión y ansiedad) para mostrar dificultades a su pareja legal, raíces establecidas en la comunidad (declaraciones juradas de amigos), comprobantes de pago, contratos de vivienda, impuestos documentos. Estos son necesarios para demostrar cuánto tiempo ha estado en los Estados Unidos y la conexión con su familia. **Vea el *Capítulo Cuatro* sobre cómo construir su historia.**

Siguiente es su Audiencia Individual. Si la decisión del juez es en su contra, tiene la posibilidad de apelar la decisión (hasta tres apelaciones). **Explicamos el proceso de corte en el** *Capítulo Cinco*. Los procesos de apelación pueden tomar 3-5 años.

Permiso de trabajo (EAD): La corte sellará su solicitud original 42B con la fecha de recepción. A partir de esa fecha, cuente 150 días. Después de los 150 días puede solicitar un permiso de trabajo. Recibirá su permiso (EAD) aproximadamente tres meses después de su solicitud de permiso de trabajo. Con el permiso de trabajo, recibirá su número de seguro social. Eso le permitirá solicitar una licencia de conducir estatal. Deberá pagar $ 410 por la aplicación. Por cada renovación (una vez al año), tendrá que pagar $ 410.

NOTA: Preste atención a la fecha de vencimiento en su permiso de trabajo. Debe de aplicar tres meses antes de que se caduque para renovarla. Tendrá una extensión automática de seis meses si presenta su renovación a tiempo. Eso significa que puede trabajar hasta seis meses después de la fecha de vencimiento en su tarjeta EAD.

Precio: EOIR-42B $ 100 y $ 85 para las huellas. Permiso de trabajo $ 410. Su Experto en Inmigración le cobrará tarifas adicionales por sus servicios

La Cancelación de Deportación por 3 años- 42-B Parte 2

Debe estar en procesos de deportación. Debe convencer a la corte por qué inmigración debe cancelar su orden de deportación. Usted ha recibido un **NTA o Notice to Appear** (Un aviso de presencia de ICE que describe por qué quieren deportarlo). Si convence al tribunal por qué debe quedarse, puede cambiar su estado y recibir la residencia.

Requisitos individuales: Deberá cumplir con todos los requisitos siguientes:

✓ Ha estado en los Estados Unidos por más de tres años y ha sufrido crueldad extrema por parte de su pareja que es ciudadano o residente permanente de los Estados Unidos. O bien, tiene un hijo menor de 18 años con una pareja que es ciudadano/a o residente legal de los Estados Unidos y el/ella está maltratando al niño.

✓ Su deportación resultaría en dificultades extremas para usted o su hijo que es ciudadano o residente de los Estados Unidos. O el niño está en proceso de deportación, y su deportación resultaría en dificultades extremas para el niño o para usted.

✓ Ha sido una buena persona en su comunidad y puede demostrar que tiene "buen carácter moral". Deberá demostrarlo con cartas de amigos y su empleador

✓ Igual con pruebas que no tiene graves condenas penales, como cargos por violencia doméstica.

✓ Debe estar en un proceso judicial de deportación

El Proceso: Usted y su experto en inmigración completarán y enviarán la solicitud 42B. Por lo general, es antes de su audiencia magistral. Puede haber más de una Audiencia Magistral. En este punto, no tiene que proporcionar evidencia. Poco después de su Audiencia Magistral, debe comenzar a reunir pruebas para apoyar su caso que presentara en su Audiencia Individual. Necesitará juntar muchos documentos. Los ejemplos incluyen informes policiales que documentan el abuso, registros médicos de lesiones, registros psicológicos de usted o su hijo (depresión y ansiedad debido al maltrato). **También deberá presentar pruebas de que ha estado en los Estados Unidos durante más de tres años.**

Siguiente es su Audiencia Individual. Si la decisión del juez es en su contra, tiene la posibilidad de apelar su decisión (hasta tres apelaciones). Explicamos el proceso de corte en el Capítulo Cinco. Los procesos de apelación pueden demorar entre 2 y 3 años.

Permiso de trabajo (EAD): La corte sellará su solicitud original 42B con la fecha de recepción. A partir de esa fecha, cuente 150 días. Después de los 150 días puede solicitar un permiso de trabajo. Recibirá su permiso (EAD) aproximadamente tres meses después de su solicitud de permiso de trabajo. Con el permiso de trabajo, recibirá su número de seguro social. Eso le permitirá solicitar una licencia de conducir estatal. Deberá pagar $ 410 por la aplicación. Por cada renovación (una vez al año), tendrá que pagar $ 410.

NOTA: Preste atención a la fecha de vencimiento en su permiso de trabajo. Debe de aplicar tres meses antes de que se caduque para renovarla. Tendrá una extensión automática de seis meses si presenta su renovación a tiempo. Eso significa que puede trabajar hasta seis meses después de la fecha de vencimiento en su tarjeta EAD, si no a llegado su residencia.

Precio: EOIR-42B $ 100 y $ 85 para las huellas. Permiso de trabajo $ 410. Su Experto en Inmigración le cobrará tarifas adicionales por sus servicios

Mi hijo o yo sufrimos daños emocionales o físicos por parte de mi pareja que es ciudadano o residente legal de los estados unidos, o mi hijo/s adulto, ciudadano estadounidense o residente legal, es/son abusivos (VAWA)

La ley VAWA está diseñada para proteger a las mujeres y a los hombres que (en los Estados Unidos) son víctimas de delitos cometidos por su pareja, padre o hijo adulto (mayor de 18 años) que es ciudadano o residente legal. Si usted es indocumentado o vino con visa y se quedó más del tiempo dado por su visa en Estados Unidos, y su pareja, hombre o mujer, abusa física, emocional o sexualmente de usted o sus hijos, puede salir de la relación y obtener una tarjeta verde. Una vez aprobado, usted es inmediatamente elegible para la residencia permanente (tarjeta verde). **Puede hacer una "auto-petición", lo que significa que realiza el proceso sin que su pareja ni nadie en su familia lo sepa.**

Requisitos individuales:
- ✓ Actualmente vive con su pareja y sufre por violencia contra usted o sus hijos que es emocional o físicamente dolorosa. Sus hijos deben ser solteros y menores de 21 años.
- ✓ Tiene buen carácter moral
- ✓ Se ha mudado e incluso se ha divorciado y vive en los Estados Unidos sin documentación, y han pasado menos de 2 años desde la separación o el divorcio.
- ✓ Debe estar or haber estado casado con su pareja, o tener prueba de una relación familiar.
- ✓ Usted vive con un hijo/a que es adulto y ciudadano o residente legal, y el/ella lo está maltratando. Debe tener pruebas del abuso que sucedió mientras estuvieron juntos, como registros policiales, recibos de hospital o testimonio de testigos.

Si su prometido lo trajo a los Estados Unidos con una visa pero no se casó con usted, no calificaría. Tendría que buscar el consejo de una organización de inmigración o un experto en inmigración para encontrar otra opción, como una visa U o Asilo.

El Proceso: la mejor manera de obtener ayuda es llamando a la **Línea Directa Nacional de Violencia Doméstica (VAWA Hotline) - Es una llamada gratuita:** 1-800-799-7233. Son completamente confidenciales, hablan inglés y español y pueden ayudarlo con el proceso de VAWA al conectarlo con alguien que vive cerca de usted. No informarán a ningún miembro de la familia o autoridades como ICE y no lo deportarán. También puede contactar a cualquier experto en inmigración u organización que de ayuda legal. Ver el Capítulo Siete.

✓ **Si su abusador fue su pareja, hijo o padre, y ciudadano de los Estados Unidos**: puede solicitar su residencia al mismo tiempo que su solicitud VAWA (formulario I-360).

✓ **Si su abusador fue su cónyuge, hijo, padre o madre y residente permanente legal:** Primero deberá esperar la aprobación de su petición VAWA. Puede tomar hasta un año para recibir su aprobación.

SI USTED ESTÁ EN EL ACTO DE SER ABUSADO Y TIENE MIEDO POR SU VIDA O LA VIDA DE SUS HIJOS, MARQUE EL 911.

Permiso de Trabajo (EAD):
✓ Si su abusador es **ciudadano** de los Estados Unidos, la I-765 (solicitud de permiso de trabajo) se mandará junto su solicitud VAWA. Mientras espera su aprobación, recibirá su tarjeta EAD dentro de 3-4 meses.

✓ Si su abusador es **residente**, tendrá que esperar hasta que se apruebe su petición VAWA. Después de la aprobación de VAWA, recibirá su permiso de trabajo si presenta el I-765 junto con la aplicación VAWA. Puede tomar hasta un año antes de recibir su aprobación.

NOTA: Preste atención a la fecha de vencimiento en su permiso de trabajo. Debe de aplicar tres meses antes de que se caduque para renovarla. Tendrá una extensión automática de seis meses si presenta su renovación a tiempo. Eso significa que puede trabajar hasta seis meses después de la fecha de vencimiento en su tarjeta EAD, si no a llegado su residencia.

Precio: La aplicación VAWA no tiene tarifas. Sin embargo, aplicar para la residencia cuesta $ 1140 más $ 85 para las huellas. Las exenciones de cuotas están disponibles si tiene un ingreso bajo. Su Experto en Inmigración le cobrará tarifas adicionales por sus servicios

Fui víctima de un crimen en los Estados Unidos (U-Visa)

¿Alguna vez has sido víctima de un crimen en los Estados Unidos? Por ejemplo, ¿le han robado, violado, golpeado, tomado como rehén, víctima de chantaje, forzado a trabajar con poco o ningún sueldo, o ha sido víctima de algún delito donde la policía estuvo involucrada? Igual, si fue testigo de un delito que le causó graves problemas mentales, como no poder dormir o miedo a salir de su casa, esto también puede calificar si tiene informes policiales del delito y registros de un psicólogo que comprueben su condición.

Para calificar para una visa U:
- ✓ El crimen debe haber ocurrido en los Estados Unidos
- ✓ Usted sufrió abuso físico o mental
- ✓ Usted denunció el crimen a la policía y existe un registro
- ✓ Debe ayudar a la policía o al fiscal en la investigación

Un crimen cometido contra usted o algún crimen donde usted sirva como testigo puede ser utilizado para obtener la residencia si trabaja con la policía para resolver el caso. Incluso si el crimen no se resolvió. Lo que importa es que haya ayudado a la policía. Revise la lista en la sección de referencia en la parte posterior de este libro para obtener una lista de delitos específicos que califican.

Requisitos individuales:
- ✓ Una copia del informe policial
- ✓ Si el criminal fue identificado y fue a la corte; una copia del resultado judicial
- ✓ Si se lesionó en el crimen; una copia de sus registros médicos (y uno de los anteriores)

✓ No es un requisito, pero es mejor tener un informe psicológico sobre el trauma que experimentó. Mientras más trauma experimente, como no poder dormir, salir al aire libre o trabajar, mejor.

Con uno o más de los documentos anteriores, diríjase a un experto en inmigración y analice cómo puede calificar para una Visa U. Inmigración da 10,000 U Visas cada año. Se tarda casi tres años recibir una visa U. Tres años después de tener su visa, puede solicitar la residencia permanente y en tiempo su tarjeta verde. Deberá demostrar que ha sido una buena persona y no ha cometido ningún delito grave y también tendrá que estar físicamente presente en los Estados Unidos durante los tres años.

Si su última entrada fue sin inspección (no documentada), necesitara solicitar un perdón que se conoce como I-192. Este perdón es discrecional. Eso significa que un oficial de inmigración toma la decisión final si se lo dan o no se lo dan.

Otros miembros de la familia que pueden calificar cuando solicita una visa U:
1) Si eres menor de 21 años, tus padres y hermanos solteros menores de 18 años.
2) Si tienes más de 21 años, solo tu pareja e hijos.

No hay límite en la cantidad de visas disponibles para los familiares dependientes. Sin embargo, esto puede cambiar ya que la administración de Trump le ha pedido al gobierno que cambie las reglas y limite a los miembros de la familia que pueden calificar.

El Proceso: Vaya a una organización o un experto en inmigración, ya que los pasos son complicados. Necesita los elementos mencionados anteriormente, y ellos procesarán la aplicación. Su experto en inmigración tendrá que obtener un "Certificado U" que debe ser firmado por la policía o el fiscal involucrado en el delito. Una vez que haya recibido el **U-Cert.** firmado, debe presentar la solicitud U-Visa (I-918) seis meses después a la fecha de firma en el certificado.

Tarjeta de Permiso de Trabajo / EAD: Si ha sido víctima de un delito en los Estados Unidos, debe incluir dos solicitudes para su permiso de trabajo (I-765) con su aplicación de U-Visa. Obtener una visa U puede tomar algunos años. Inmigración revisará su solicitud y lo colocará en la lista de espera "aprobada". Si ha completado las dos aplicaciones I-765, le emitirán una tarjeta EAD de dos años para el período de espera. Una vez que se apruebe su U-Visa, recibirá un permiso de trabajo por la duración de la visa U (tres años).

Precio: Los permisos de trabajo I-765 (EAD) serán de $820. La visa U es gratuita. Su Experto en Inmigración le cobrará tarifas adicionales por sus servicios

Si entro sin inspección (sin documentación), debe completar la solicitud I-192 para pedir el perdón por su entrada ilegal. Esta solicitud cuesta $ 930.

Si no tiene el dinero, puede pedirle a su experto en inmigración que vea si califica para no tener que pagar debido a sus ingresos bajos.

Fui llevado a los Estados Unidos y forzado a tener sexo o trabajar (T-Visa)

La visa T es para personas traídas a los Estados Unidos con o sin documentación legal y obligadas a trabajar en contra de su voluntad. Incluye ser forzado a trabajar en la industria del sexo, trabajo involuntario o como sirviente con poco o ningún sueldo. Inmigración da 5,000 T-Visas cada año. Las víctimas que obtienen una visa T pueden traer familiares cercanos.

¿Cómo sabes si eres una víctima del tráfico?

- ✓ Le obligan a hacer un trabajo, realizar sexo o servicio contra su voluntad
- ✓ Usted está físicamente presente en los Estados Unidos y fue traído aquí con la promesa de otro trabajo
- ✓ No puede dejar su trabajo
- ✓ Su empleador le da poco o nada de dinero por su trabajo
- ✓ Le obligan a dormir y comer en el lugar donde trabaja
- ✓ Está en deuda con su empleador
- ✓ Cuando llego, le quitaron su pasaporte y cualquier identificación
- ✓ Amenazan con dañar a su familia en casa si intenta escapar

Si alguien lo forzó a realizar relaciones sexuales con otras personas o a trabajar a fuerzas bajo condiciones controladas, comuníquese con la línea directa nacional de tráfico de personas gratis al: 888-373-7888. Esta organización es completamente confidencial y no lo denunciará a su empleador ni a inmigración. Le pueden decir a dónde ir o

incluso enviar personas para ayudarlo a usted y a los demás que trabajan allí.

Requisitos Individuales:

- ✓ Debe poder describir su experiencia a la policía, que resultara en la investigación y posible arresto de sus empleadores. La gente de Trafficking Hotline hará el trabajo por usted.
- ✓ Usted todavía reside en los Estados Unidos y llegó en contra de su voluntad o bajo una promesa falsa, y fue forzado a realizar trabajos en la industria del sexo, o el trabajo o como un servidor
- ✓ Puede probar que tendría dificultades extremas (**consulte el Capítulo Cinco**) si es deportado a su país de origen.
- ✓ Debe poder demostrar que ha sido una buena persona y no ha cometido ningún delito grave.
- ✓ Es importante recordar; fuiste traído a los Estados Unidos y obligado a realizar un servicio en contra de tu voluntad. No podría haber trabajado en la industria del sexo en su país de origen y luego trabajado en los mismo en los Estados Unidos (por ejemplo).

También deberá demostrar que fue una persona de buen carácter moral mientras estuvo aquí. Si le obligaron a cometer crímenes, explique que lo hizo solo bajo fuerza. Pregúntales a las personas que tienen la línea directa por una organización local que lo pueda ayudar con sus necesidades legales.

Aunque haiga podido escapar de su empleador y ahora está trabajando sin documentación en los Estados Unidos, aún podría calificar para una visa T. Es importante encontrar un experto en inmigración para que lo ayude. Lo mejor es llamar a la línea directa y hablar con ellos.

El Proceso: El primer paso es involucrar a la Red Nacional de Tráfico de Personas. Es esencial que lo ayuden a encontrar un servicio de inmigración local con una organización o un experto en inmigración para que lo ayuden. Tendrá que completar varios formularios. Si va a incluir a algún miembro de la familia inmediata, deberá usar un formulario por separado.

Deberá presentar pruebas que demuestren que ayudó a los funcionarios encargados de hacer cumplir la ley en el caso contra su ex empleador. Deberá completar la forma I914. O bien, puede proporcionar otros tipos de pruebas, como documentos judiciales, informes policiales, artículos periodísticos, cartas en su nombre de otras personas involucradas, o cualquier otra cosa que tenga.

También deberá demostrar que tiene un temor creíble de sufrir daños si regresa a su país de origen. Vea el Capítulo Cuatro y lea lo que eso significa y cómo desarrollar su historia.

Si lo trajeron a los Estados Unidos sin documentación, también necesitaría completar **la Solicitud I-192, Permiso Anticipado de Entrada.** Esto no es necesario si llego con visa. Tres años después de recibir su visa T, puede calificar para la residencia.

Permiso de Trabajo (EAD): Cuando la inmigración otorgue su visa T, recibirá automáticamente un permiso de trabajo (EAD). Este proceso puede tomar 3-5 meses dependiendo de su caso.

Precio: La aplicación I-914 no tiene costo. Es fácil recibir pedir y no tener que pagar el costo de todas las formas cuando se trata a una visa T. Su Experto en Inmigración le cobrará tarifas adicionales por sus servicios.

Soy testigo o tengo conocimiento de crímenes graves cometidos por pandillas, el cartel, terroristas u otros en los Estados Unidos (Visa S)

Solo se emiten 250 visas S por año. Están diseñadas para ayudar a evitar que organizaciones criminales (200 visas) y grupos terroristas (50 visas) cometan crímenes en los Estados Unidos. Si usted es testigo de un delito grave que puede ayudar a que se hagan arrestos, es posible que pueda calificar. Si alguien lo forzó a llevar drogas a la frontera, si descubre un acto criminal en los Estados Unidos, y tiene pruebas que podrían llevar a la policía a encontrar y arrestar a los delincuentes, puede usar esto para obtener una S- Visa. **Sin embargo, antes de informar esto, le sugerimos que se comunique con un experto en inmigración y busque su consejo.**

Debe tener cuidado al considerar el uso de la S-Visa. Se han recibido informes de personas que han denunciado el delito, pasado por el proceso de ayudar a la policía a arrestar al delincuente, y luego se niegan a completar la solicitud de la visa S. Tener la promesa por escrito es lo mejor, pero aun así no es una garantía.

Requisitos Individuales:
Para obtener una visa S, debe tener información relacionada con un crimen que haya sucedido o esté a punto de suceder. Debe estar dispuesto a proporcionar la información a la policía y ayudarlos cuando lo pidan. El peticionario (la persona que presenta su solicitud de visa S) DEBE ser la policía federal o estatal y la Oficina del Fiscal de los Estados Unidos. Sugerimos extremadamente que solicite la ayuda de un experto en inmigración para el proceso. Pueden contactar a la policía en su nombre. Una vez que haya cumplido con su

parte (ayudó a arrestar al delincuente), podrá pedir a la policía que complete su solicitud.

El Proceso: Es un proceso de dos pasos para solicitar una tarjeta verde:
   ✓ **Paso uno Presentar el formulario I-854 llamado "Interagency Alien Witness and Informant Record."** La policía federal o estatal, o la oficina de abogados del gobierno, deben completar y firmar este formulario. Deberá presentar pruebas de que ayudó a identificar al (los) delincuente (s). Además, debe explicar todas las razones por las que no está documentado en los EE. UU., incluyendo los delitos que haya cometido.
   ✓ **Paso Dos:** después de que se apruebe el formulario I-854, debe llenar el I-485 para arreglar su residencia permanente. En ese momento, también puede solicitar su permiso de trabajo.

Permiso de Trabajo (EAD): Cuando se apruebe su I-854, puede solicitar el I-485 para obtener su residencia (Tarjeta Verde). Junto con la aplicación I-485, usted presenta el I-765 para su permiso de trabajo. Su permiso de trabajo tardará aproximadamente tres meses. Mientras espera la residencia, se le permitirá trabajar.

Precio: No hay costo para la visa S. Para la residencia se cobrará $ 1440 más $85 por las huellas. Su Experto en Inmigración le cobrará tarifas adicionales por sus servicios

No tengo Hogar en los Estados Unidos y Tengo Menos de 18 años y he perdido a mis padres o tutores (SJIS)

Si usted o una persona que usted conoce es menor de 18 años y no tienen hogar porque sus padres los han abandonado o han sido víctimas de abuso, el Estatus de Inmigrante Juvenil Especial puede ser una opción para ellos.

SJIS o Estatus de Inmigrante Juvenil Especial es para personas indocumentadas menores de 18 años, pero aún puede calificar si es menor de 21 años. Lo mejor que puede hacer es llamar al Centro **Nacional para la Educación de las Personas sin Hogar al 1-800-786- 2929.** Esta organización puede ayudar a encontrar refugio rápido y recursos locales en cuanto a dónde encontrar asistencia legal. No lo reportarán a ICE.

Harán las siguientes preguntas:
- ✓ ¿Ha sido abusado mental, física o sexualmente por un padre, padrastro o tutor legal y se escapó de su hogar?
- ✓ ¿Has sido víctima de un delito grave, incluyendo la violencia doméstica? También incluye trabajos forzados en la servidumbre, trabajos forzados con poco o ningún pago, o tener que practicar sexo con otros.
- ✓ ¿Viene de un país que ha experimentado una guerra civil, un desastre natural o que las pandillas lo controlan? ¿Teme la persecución si le obligan a regresar a su país de origen debido a su raza étnica o religión?

En todos los casos, deberá demostrar que ha sido una buena persona (no ha cometido ningún delito grave) y que desea ir a la escuela y trabajar en los Estados Unidos. Puede llamar al número de teléfono que aparece arriba y pedir ayuda. O también, puede comunicarse con un experto en inmigración.

Debe tener en cuenta que si ha cometido algún delito grave mientras se encuentra en territorio estadounidense, podría afectar su solicitud. Lo mejor es tener un registro limpio. Asegúrese de decirle a la persona que ayude con su aplicación todo lo que ha hecho en su pasado.

Requisitos individuales:
- ✓ Debe tener menos de 21 años cuando presente su solicitud
- ✓ Nunca debió haber estado casado
- ✓ Debe vivir actualmente en los Estados Unidos
- ✓ Debe tener una orden judicial de menores válida emitida por el estado que indique que no se puede unir a sus padres o padres adoptivos.
- ✓ Demonstrar que no le conviene regresar a su país de origen porque no tiene una nadie no ningún tipo de apoyo, o porque las pandillas respaldadas por el gobierno intentarían reclutarlo.

El Proceso: Para solicitar SJIS debe presentar los siguientes formularios y documentación de respaldo con Inmigración (USCIS):
- ✓ Formulario I-360, Petición para inmigrante especial e I-485 para ajuste de estado
- ✓ Evidencia de su edad, como un pasaporte válido, certificado de nacimiento o cualquier otra cosa que pueda identificar su edad.
- ✓ Una orden válida de la corte juvenil que tus padres o tutores legales te abandonaron y ya no puedes vivir con ellos. Una organización local le puede ayudar a obtener esto si no tiene el documento.

Una vez que envíe estos documentos, recibirá un aviso de recibo. Un poco más tarde recibirá un segundo aviso para tomarse huellas. Esta carta le dará un lugar y hora donde tendrá que tomar sus huellas digitales y una foto. Debe hacer esto como parte de la aplicación.

El último documento es el I-693, que es el examen médico. Normalmente puede proporcionar esto al mismo tiempo que su aplicación, pero algunos centros de procesamiento toman más de un año para terminar de revisar aplicaciones. Lo mejor es saber cuánto tiempo tomará su solicitud por adelantado y hacer todo junto. Sin embargo, el examen médico solo es bueno por un año.

Nota: cuando solicite su SJIS y su tarjeta verde, NO se le solicitará que se ponga en contacto con la persona o los miembros de su familia que abusaron, abandonaron o descuidaron de usted.

Nota: Si recibe SJIS, sus padres o familiares que lo abandonaron NUNCA podrán obtener un estatus legal a través de usted, incluso si se convierte en ciudadano.

Inmigración (USCIS) generalmente toma alrededor de seis meses para decidir sobre su solicitud. Si no envió suficiente información, le enviarán una "Solicitud de Evidencia". Eso detendrá el procesamiento y demorará su solicitud.

Permiso de trabajo (EAD): Cuando solicite su visa, puede solicitar su tarjeta verde al mismo tiempo. Con esa solicitud, también adjuntas el I765 que es para tu permiso (EAD).

Precio: La aplicación I-360 no tiene costo. La aplicación para la residencia es de $ 1,140. Sin embargo, es posible que todas estas tarifas no se apliquen en la solicitud inicial. Su Experto en Inmigración le cobrará tarifas adicionales por sus servicios

No tengo oportunidad de documentarme en este momento, ¿qué debo hacer?

Llegar a esta conclusión significa que no tiene una historia creíble o situación que le pueda dar la oportunidad de arreglar su estatus migratorio. Mas probable, la única razón por la que está aquí es económica (en busca de una vida mejor) o familia. Si ha cometido crímenes aquí y no tiene una buena historia, lo más probable es que inmigración lo deportará si lo encuentran.

Es probable que tenga pocas posibilidades de quedarse si:
- ✓ Usted ha cometido múltiples crímenes en los Estados Unidos
- ✓ La policía lo ha conectado con cualquiera de las pandillas serias como MS-13
- ✓ La única razón por la que está en los Estados Unidos es para buscar una vida mejor, o vino aquí porque quería estar con otros miembros de su familia
- ✓ Tiene múltiples entradas y ninguna historia creíble de miedo en su país de origen
- ✓ Ha leído claramente este capítulo y no califica para ninguna de las opciones

Si inmigración sabe que usted está aquí y le ha dado una orden de deportación: Todo depende de usted. La carta especificará la fecha en que debe salir del país. Normalmente es 30 días a partir de la fecha de la carta. Si elige ignorar una orden de deportación, podría trabajar sin documentos en los Estados Unidos hasta el día en que lo encuentren y lo arresten. Lea el *Capítulo Nueve* sobre cómo evitar a ICE.

No rompa ninguna ley y tenga cuidado cuando esté en público. Ahorre todo el dinero que pueda. Si es capturado y deportado, inmigración podría prohibirle regresar legalmente a los Estados Unidos por diez años o por vida. Prevemos que una vez que Trump haya dejado el cargo, la cordura regresará al gobierno de los Estados Unidos y se aprobarán nuevas leyes. Si su deseo es que algún día trabajar legalmente en los Estados Unidos, puede considerar la Partida Voluntaria.

Tenga en cuenta que, si termina de nuevo en su país de origen y tiene una nueva razón para solicitar entrada a los Estados Unidos, puede usar la aplicación I-212 para regresar legalmente. Sepa que estos son difíciles de obtener, pero con suficiente documentación y pruebas, es posible.

Si la Inmigración sabe que usted está aquí y se encuentra en un proceso de deportación (**considere la salida voluntaria**): Quizás tenga un argumento débil que sabe que eventualmente perderá. Puede continuar apelando su caso ante cortes superiores, pero esto puede ser costoso. Puede decirles a los tribunales que, si es denegado, aceptaría la salida voluntaria.

Esta opción ofrece beneficios:

- ✓ Si se va voluntariamente en la fecha acordada, es posible que no esté sujeto a los castigos de 3 o 10 años. Por ejemplo, si regresa a su país, una vez que tenga un motivo convincente, puede comenzar el proceso de solicitud de una Visa y no tener que esperar a que se acabe su castigo.
- ✓ Al hablar con el juez, puede pedir que su fecha de salida sea en 60 o incluso 120 días para darle tiempo a vender propiedades y organizar sus pertenencias antes de su partida.

Es importante tener en cuenta que la salida voluntaria depende de la decisión del juez. Si ha cometido delitos graves, como la falsificación de documentos, o si el juez considera que usted es una amenaza para la sociedad, no calificará. También debe probar que puede pagar su boleto de regreso a su país de origen.

La inmigración no sabe que estoy aquí:
Usted ha leído todo este capítulo, y no califica para ninguna de las opciones, no puede dormir por la noche y tiene miedo de salir debido a lo que Trump le está haciendo a los inmigrantes. Usted sabe que la única razón por la que vino a los Estados Unidos fue para buscar una vida mejor, y no tiene un buen argumento para el asilo; tiene dos opciones

1) **Regrese a su país de origen:** solo considere esto si no tiene antecedentes de estar aquí y espere a que termine la locura del gobierno de Trump.

2) **Lea el resto de este libro:** haga lo que ha estado haciendo. Recuerde que aproximadamente 11 millones de personas indocumentadas viven en los Estados Unidos. Si aprende a mantener un bajo perfil, toda esta locura del gobierno de Trump eventualmente llegará a su fin. Con un poco de suerte, el Congreso aprobará leyes razonables que le permitirán permanecer en los Estados Unidos con documentación. La decisión es tuya.

PASO TRES:

Lea el Capítulo Cuatro y preste atención a lo que debe contener su historia para que su aplicación sea exitosa. Recuérdese cuidadosamente su experiencia en su país de origen para una Solicitud de asilo o aprenda a probar dificultades en una Petición Familiar o Matrimonial.

Capítulo Cuatro

Desarrollando su Historia

"Siempre había esperado que esta tierra se convirtiera en un asilo seguro y agradable para los virtuosos y perseguidos de la humanidad, no importa a qué nación puedan pertenecer .." George Washington

----

Lo que usted va a aprender:
- ✓ Desarrollando su historia personal para el asilo
- ✓ privación/dificultad extrema ("Extreme hardship") y lo que significa para la inmigración
- ✓ Qué significa tener buen carácter moral, ("good moral character")
- ✓ Convencer a inmigración que acepte su aplicación de asilo si ha estado en los Estados Unidos por más de un año.

Introducción

La mayoría de los inmigrantes sin documentación no pueden probar su caso porque no saben cómo funciona el sistema de los Estados Unidos. Este capítulo se trata de convencer a los oficiales de inmigración qué deberían permitirle quedare en los Estados Unidos. Todo se reduce a:

- ✓ ¿Es su historia creíble? (Asilo, Retención de Deportación, CAT)
- ✓ ¿Puede su cónyuge legal sobrevivir financiera y emocionalmente si inmigración le deportara? (Petición de Matrimonio/Familiar y Cancelación de Deportación de 10 años)
- ✓ ¿Ha sido usted una buena persona mientras ha vivido en los Estados Unidos?
  (Importante para todas las aplicaciones menos para CAT and Retención de Deportación)

Innumerables personas que tenían una verdadera historia de asilo no lo presentaron como lo deberían de presentar. Fueron deportados a su país de origen y terminaron siendo asaltados o asesinados. O fueron deportados porque fallaron en convencer al Juez de la privación extrema para sus familias, de forma financiera y emocional.

UNA HISTORIA VERDADERA DE ASILO: Una mujer de Honduras llamada Elena huyó a los Estados Unidos porque la pandilla MS-13 había matado a dos de sus hermanos y la estaban presionando para esconder el dinero de la pandilla en bancos diferentes bajo su nombre. Ella se negó a ayudar y la pandilla fue tras de ella. Huyó a los Estados Unidos. Después de algunos años trabajando sin documentos en los Estados Unidos fue atrapada en una redada y arrestada. Entonces aplicó para asilo. Después, ella tuvo que presentarse en corte. El juez hizo solo una pregunta: "Se mudó usted a otra región en Honduras antes de venir a los Estados Unidos?" Ella dijo que no. Elena no podía convencer al juez que se habíase esforzado lo suficiente de sobrevivir en otra parte en su país de origen antes de venir a los Estados Unidos. El juez negó su solicitud y Elena fue deportada. En Honduras fue asaltada por las pandillas MS-13.

CONCLUSIÓN: Si Elena hubiera explicado al Juez que no importaba dónde viviera dado que el país de Honduras es del tamaño de Tennessee y que hubiera sido imposible esconderse y además hubiera presentado evidencias como artículos de periódicos sobre las condiciones en Honduras o cartas juradas de su familia en Honduras de lo que les pasó a sus hermanos ella podría haber tenido una oportunidad.

NOTA: Este libro no le enseñamos como mentir. Lo que usted le diga a un juez o a un oficial de inmigración depende de usted, si al ser detenido usted miente o cambia su historia, es muy probable que sea deportado y probablemente le prohibirán volver a los Estados Unidos desde por 10 años a por vida.

PARTE 1: Desarrollando su Historia (Asilo, UAC, Retención de Deportación y CAT)

Si su aplicación no es sobre esto, salten a la siguiente sección.

Los Estados Unidos reconocen el derecho de asilo para las personas. Usted solo puede solicitar asilo cuando está físicamente en los Estados Unidos o en la frontera. Pero su historia tiene que ser convincente y consistente. Su historia NO debería ser porque está usted buscando una vida mejor o porque quiere vivir con su familia que ya está aquí en los Estados Unidos. La historia tiene que convencer a los oficiales que, si lo devuelven a cualquier sitio en su país de origen, existe la posibilidad significativa de que sea torturado, golpeado o asesinado.

> Tiene que tener una historia y esta historia tiene que ser consistente.

En los Estados Unidos del Sr. Trump está buscando cualquier posibilidad de deportarle y van a utilizar la menor excusa para hacerlo. Usted tiene que tener una historia que la inmigración no puede negar. Lo bueno es no hace falta de presentar pruebas de lo que le cuente a la inmigración. Su testimonio y evidencias como artículos (internet) sobre las condiciones en su país son, muchas veces, suficiente.

UNA VERDADERA HISTORIA DE ASILO: (El Salvador) Desde que tenía cinco años Erica fue abusada por su padrastro. Finalmente, a los 18 Erica fue capaz de huir de casa y hacer su camino a los Estados Unidos. Ella fue detenida en la frontera cuando intentó cruzar y después de meses fue liberada en los Estados Unidos. Erica tuvo suerte y encontró una buena abogada. La abogada la mandó a un psicólogo. Después de algunas sesiones el psicólogo desarrolló un reporte sobre el trauma que Erica sufrió, afirmando que sus 12 años de abuso la han dejado tan traumatizada que necesita cuidados que no están disponibles en El Salvador.

CONCLUSIÓN: El informe médico sobre su condición aparte de las evidencias sobre las condiciones en su país de origen convenció al juez que su historia era creíble y su asilo fue aprobado.

Una manera de apoyar su historia es mediante de un psicólogo quien puede desarrollar un informe sobre sus condiciones mentales. Este informe se puede usar en corte o incluso mejor si el psicólogo puede testificar en su audiencia

¿Cuál es su historia?

NOTA: En junio de 2018, el gobierno de Trump anunció que una historia usando pandillas o cónyuges abusivos ya no calificaría como una historia creíble a menos que estuviera atada al gobierno de su país. Si es posible, su historia debe estar vinculada a las leyes del país que limitan los derechos de las mujeres (por ejemplo) o la negativa del gobierno (la policía) para protegerlo de las pandillas. Creemos que esta regla será finalmente superada por un tribunal de los Estados Unidos.

No es suficiente decir que de niño un familiar le abusó y le maltrató repetidamente y por esto vino a los Estados Unidos. El juez diría que ahora como adulto puede protegerse. Su historia debe provenir de su experiencia del pasado, Y además tiene que convencer al juez que: Que es muy probable que este trauma suceda de nuevo que esta tan traumatizado por sus experiencias que usted sería incapaz de sobrevivir sin tratamientos que no puede conseguir es su país de origen

Al final, su historia debe ser creíble. No hay un estándar individual que determina si usted tiene miedo por su vida. Es el total de toda su historia y evidencias de lo que está pasando en su país y cómo esto se relaciona con su experiencia. Su historia tiene que incluir lo siguiente:

1) ¿Cuál es tu etnicidad? (tribu o grupo minoritario de personas)
2) ¿La gente le discriminó en su país? (amenazas, le hicieron daño, ¿le rechazaron de la Sociedad)
3) ¿ Usted o su familia es miembro de un partido político y por eso hay personas que quieren hacerle daño?
4) ¿Cuál es su género? ¿Y es su género discriminado? (por ejemplo, mujer, ¿homosexual
5) ¿Las personas le condenaron porque es miembro o está asociado con un grupo social en particular? Vea la lista de abajo con otros ejemplos

En la ley estos se llaman los "cinco terrenos protegidos". Quizás usted está pensando que su historia no se ajusta a ninguno de estos motivos protegidos. Un buen abogado puede ayudarle a preparar un argumento exitoso. Una mujer casada por ejemplo es considerada un "miembro de un grupo social" Otros ejemplos de "grupo social" que pueden calificar son:

- ✓ Homosexual o Transgénero
- ✓ Médicos, periodistas, oficiales públicos, u oficiales de policía
- ✓ DACA o niños que han vivido en los Estados Unidos la mayoría de su vida y ahora son "Americanizados."
- ✓ Niños de la calle
- ✓ Escapar de pandillas (huyendo de reclutadores de pandillas o novias de un miembro de la pandilla)
- ✓ Miedo al daño de una pandilla rival

Evidencia para su historia: Tiene usted cartas juradas de su familia/gente en su país de origen que han sido testigos de su experiencia? Un abogado sabe cómo hacer una investigación y encontrar evidencias como condiciones en su país de origen. También tiene que considerar un psicólogo. En un par de sesiones un psicólogo es capaz de entender sus condiciones y determinar cualquier daño a largo plazo causado por tu experiencia y lo que podría pasar si usted tendría que volver a su país.

Un informe psicológico puede ser muy valioso en su caso. Haciéndolos testificar es aún mejor.

Aquí hay ejemplos de evidencias:
- ✓ Cicatrices en el cuerpo de usted o de sus hijos
- ✓ Cualquier fotografía antigua de heridas
- ✓ Cualquier prueba que el gobierno/la policía de su país no quiere ayudar a la gente (artículos del periódico y cartas juradas de amigos/familia)
- ✓ Artículos del periódico en el internet sobre las condiciones en su país (6-8 artículos)
- ✓ Informes policiales sobre un incidente involucrando a usted o un familiar suyo
- ✓ Cualquier recibo o informe de que estuvo en el hospital debido al incidente

✓ Cartas juradas de personas viviendo en su comunidad de su país de origen explicando el peligro de vivir allí
✓ Informes psicológicos indicando su condición
✓ Cualquier carta de amenazas que las personas han experimentado en su país de origen

Recuerda: todos los documentos (evidencias) que se utiliza en la corte tienen que ser en inglés (traducidos) y la traducción tiene que ser certificada. La mayoría de su historia estará basada en su testimonio personal, pero tiene que ser consistente.

Desarrollando su historia: No invente su historia delante del oficial de inmigración o del juez. ¡¡¡ESTE PREPARADO!!! Antes de ir a la corte, piense en su experiencia en detalle y haga notas escritas. DETALLES Y CONSISTENCIA SON IMPORTANTES. A MENUDO INMIGRACIÓN TRATA DE ENFRENTARLE A USTED HACIENDO LA MISMA PREGUNTA DE DIFERENTES MANERAS. ES MUY IMPORTANTE MANTENER SU HISTORIA CONSISTENTE. Por ejemplo, no puede decir que fue pateado y después decir que fue golpeado.

IMPORTANTE: Si Ud. le contó su historia a un oficial de inmigración y ahora la tiene que contar a un juez en la audiencia su historia no puede cambiar. ¡¡¡¡¡¡¡¡¡Puede añadir detalles a su historia, pero no la puede cambiar!!!!!!!!!

Su historia no tiene que tratar solo de usted. También puede ser sobre un familiar como sus hijos, hermanos, padres o cónyuge. Amenazas o problemas que ellos han experimentado pueden ayudar en tu caso. Demostrar que la región donde has vivido es peligrosa y que tu familia es un objetivo.

Lo que su historia debe contener:
- ✓ ¿Cuándo ocurrió la amenaza o el abuso?
- ✓ ¿Dónde ocurrió el incidente?
- ✓ ¿Por qué lo hicieron?
- ✓ ¿Quién más estuvo involucrado?
- ✓ ¿Qué más le pasó a usted?
- ✓ ¿Explique quien le hizo daño a usted o a su familiar? ¿Era una persona del gobierno, policía o un miembro de una pandilla?
- ✓ ¿Fueron los perpetradores personas de su familia?
- ✓ ¿Fue usted golpeado, amenazado, violado o torturado?
- ✓ ¿Utilizaron armas?
- ✓ ¿Fue un amigo o alguien a quien usted conoce dañado o asesinado en su país de origen que podría relacionarse con su historia?
- ✓ Y lo más importante: si le devuelven a su país de origen, ¿qué pasaría?

El oficial de inmigración o el juez puede preguntarle por qué no puede mudarse a otro lugar en su país de origen. Y usted podría decir porque no tienes apoyo familiar y sería imposible para usted sobrevivir sin su red familiar.

Usted tiene que demonstrar que las condiciones no son diferentes en otro lugar en su país y su vida estaría en peligro independientemente de donde viva en su país.

Usted debería decir que consideró mudarse a otro lugar en su país de origen y dar razones por que no lo hizo. Su historia debería indicar que usted tuvo que venirse a los Estados Unidos porque no hubo otras opciones y su vida y/o de su familia está en peligro. Los Estados Unidos fueron la única opción para usted.

Describa las condiciones en su país. Describa cómo la policía o incluso los funcionarios del gobierno tratan a la gente. La historia no puede ser sobre la pobreza o la falta de empleos.

Lo que su historia NO debe contener:

- ✓ Nunca debe tratarse de "buscar una vida mejor."
- ✓ Nunca debería ser porque "mi familia vive en los Estados Unidos."
- ✓ Nunca debería ser inconsistente. Si proporcionó una declaración escrita de su historia, asegúrese de que su historia verbal sea la misma.

OBSERVA: Inmigración le va a deportar si su razón para venir a los Estados Unidos es por buscar una vida mejor. Su razón debe ser por temor a su vida si regresa a su país de origen.

Contando su historia: Analizaremos esto con más detalle en el Capítulo 5 sobre como representarse a si mismo en la corte. Si es posible llore y exprese el temor de volver a su país de origen. Cuando cuenta su historia hágalo con emoción como si estuviera allí experimentando todo de nuevo. Asegúrese de que los detalles no cambien. SU HISTORIA DEBE SER CONSISTENTE Y NO PUEDE CAMBIAR. Un buen abogado le podría ayudar.

Estar preparado: Si está solicitando "Asilo Afirmativo" (no está en procedimiento de deportación) un oficial de la inmigración va a entrevistarle. El oficial le va a hacer aproximadamente 75-100 preguntas. Muchas de estas preguntas van a ser las mismas, pero se preguntan de manera diferente, para determinar si su historia cambia.

La conclusión de su historia debe ser que usted teme por su vida si tiene que devolver a su país y que usted ha consideró TODAS las opciones antes de venir a los Estados Unidos.

Una historia para la Visa T

Historia de T-Visa: Una historia de T-Visa (para víctimas de la trata de personas) debe referirse a lo que podría pasarle si lo devuelven a su país de origen. Los ejemplos son:

- ✓ Inmediatamente, mis padres me vendieron en servidumbre. Si volviera, mi familia y toda la comunidad me rechazarán por temor a que los contrabandistas me persigan de nuevo.
- ✓ Si los contrabandistas me encuentran de regreso en mi país de origen, estaría con miedo o con mi vida.
- ✓ Debido a que fui forzado a la industria del sexo, si regresara a mi país, la comunidad me rechazaría por lo que me obligaron a hacer.

PARTE 2: Demostrando "Dificultades Extremas" (Extreme Hardship)

Para algunas personas que entraron a los Estados Unidos sin documentos el proceso es complicado. Una parte del proceso de hacerse legal (por ejemplo, para la solicitud Cancelación de Deportación "42B" o Proceso Consular "petición de matrimonio/familiar") es demonstrar que, si se separa de su familia legal en los Estados Unidos, experimentarán dificultades extremas.

El proceso de decisión para determinar las **dificultades extremas** se basa en el total de los factores a continuación. Eso significa que inmigración determinara su elegibilidad al sumar los factores que se detallan a continuación:

- ✓ **Lazos familiares en los Estados Unidos:** cuántos hijos tiene usted que son ciudadanos, ¿cuáles son sus edades? También incluye ancianos. Quizás también apoye usted a los padres de su cónyuge. ¿Cuánto tiempo lleva casado con su cónyuge ciudadano? ¿Su cónyuge pasó algún tiempo en el ejército? ¿Cuánto tiempo ha vivido en los Estados Unidos?
- ✓ **Impacto social y cultural:** lazos que tiene su cónyuge ciudadano en los Estados Unidos. Desafíos culturales que su cónyuge tendría si tuvieran que mudarse de los Estados Unidos a su país de origen. La dificultad de permitir viajes frecuentes entre los dos países para mantener relaciones. Y la dificultad de volver a capacitar al cónyuge ciudadano en un país nuevo.
- ✓ **Impacto económico:** un factor importante en la decisión; Su evidencia debe demostrar que usted es el principal ingreso de la familia y su deportación probablemente resultará en que su cónyuge legal tenga que depender de la asistencia financiera pública, si usted es deportado. ¿cuál es el impacto económico en

su cónyuge ciudadano y la familia? ¿Su cónyuge podría mantener a la familia sin asistencia pública?

✓ **Condiciones de salud y cuidado:** ¿Cuáles son las condiciones de salud de la familia residente legal? ¿Qué impacto tendría la separación de la familia social y financieramente? ¿Alguno de los hijos o cónyuge tiene condiciones mentales o físicas que requieren atención constante? ¿Esto impide que el cónyuge ciudadano trabaje a tiempo completo o en lo absoluto? ¿Alguno de sus familiares legales cercanos alguna vez tuvo ansiedad o depresión o algo similar y tiene algún informe psicológico? Necesitará registros médicos.

✓ **Efecto de separación:** si fuera deportado, ¿cómo se vería afectada la familia?

✓ **Condiciones del país:** ¿Cuáles son las condiciones económicas, políticas y legales de su país? ¿Existen advertencias del Departamento de Estado de los Estados Unidos en ese país? ¿Ha habido algún problema ambiental severo recientemente?

Probar las dificultades se trata de organizar su evidencia y desarrollar una historia. Revise los artículos que enumeramos arriba. Mientras más de estos pueda incluir en su historia, mejor. Recuerde, el oficial o juez evaluará su caso en su totalidad. Proporcione todos los documentos que pueda.

PARTE 3: Buen carácter moral (Good Moral Character)

Lo que significa tener un buen carácter moral: Tener un buen carácter moral significa que lleva a cabo su vida siguiendo las leyes escritas y sociales y contribuye de alguna manera en su comunidad. Un juez decidirá su futuro basándose en la evidencia, la forma en que apoya a su familia legal y quién es usted como persona.

Al final, una persona con buen carácter moral es aquella que sigue las reglas, paga sus impuestos, tiene un buen trabajo e incluso va a la iglesia. En otras palabras, vive como un ciudadano estadounidense promedio.

Un juez o un oficial de inmigración determinarán tu carácter moral basados en:

✓ ¿Tiene un registro policial? Su caso será difícil si tiene dos cargos graves de delito menor o más de un delito.
✓ Si cometió algún delito, ¿fue usted responsable desde entonces? ¿Puede obtener una carta de recomendación de su oficial de libertad condicional?
✓ ¿Tiene alguna educación formal? ¿Está tratando de aprender inglés?
✓ ¿Cuánto tiempo lleva trabajando en el trabajo actual? ¿Cuántos trabajos ha tenido en el pasado? Mientras más tiempo haya estado en su trabajo, mejor. ¿Puede obtener una carta de recomendación de su jefe?
✓ ¿Puede demostrar que paga impuestos y presentar sus declaraciones de impuestos todos los años? Incluso si utilizó un número de seguro social falso, proporcione copias de declaraciones de impuestos.
✓ ¿Ofrece su tiempo como voluntario para cualquier organización? ¿Tiene algún certificado de reconocimiento o puede obtener cartas de apoyo de otros?

- ✓ ¿Asiste a la iglesia regularmente? ¿Puede obtener una carta de recomendación de su pastor
- ✓ ¿Cuánto tiempo ha vivido en los Estados Unidos? Entre, más tiempo, mejor.

Pida cartas de recomendación a sus amigos. Tendrán que incluir sus nombres y direcciones en la carta. Es imposible tener demasiadas cartas, entre más cartas mejor, especialmente si cometió un crimen en el pasado, sirven para demostrar que usted es una persona cambiada.

PARTE 4: Convencer a Inmigración para que acepte su solicitud de asilo si ha estado en los Estados Unidos por más de un año

La gente ha venido a los Estados Unidos por una variedad de razones y cuando están aquí, se olvidan rápidamente de los problemas de los que huyeron en su país de origen. La ley dice que tienes un año para solicitar asilo. Sin embargo, bajo lo que Inmigración llama "Circunstancias extraordinarias", aún puede postularse después de ese año. Sin embargo, debe tener una razón convincente, y debe saberlo antes de hablar con Inmigración o con un juez.

Una aplicación podría aceptarse más allá de un año si:

- ✓ Las condiciones en su país han cambiado
- ✓ Trauma, condiciones debilitantes
- ✓ Alguien lo incluyó en otra solicitud como dependiente que denegó Inmigración
- ✓ Hubo razones en su vida más allá de su control que le impidieron solicitar el primer año (debe detallar las razones)
- ✓ Estaba gravemente enfermo o con una discapacidad física
- ✓ Una discapacidad tal como una condición mental
- ✓ Tuvo un abogado malo o incluso un Notario que retrasó tu solicitud
- ✓ La muerte o enfermedad grave o incapacidad de su Experto en Inmigración o un miembro de su familia inmediata

No tome esto a la ligera, si ha esperado más de un año para solicitar su solicitud de asilo; necesita una buena razón por la cual no presento tu solicitud a tiempo. Necesita que su historia que sea convincente para el juez.

Capítulo Cinco

Representarse en el tribunal (cuando se encuentre en un proceso de deportación) o en una entrevista

"Somos una nación de inmigrantes. Somos los hijos y nietos y bisnietos de los que querían una vida mejor, los motivados, los que se despertaron por la noche escuchando esa voz diciéndoles que la vida en ese lugar llamado Estados Unidos podría ser mejor". Mitt Romney

----

En este capítulo, aprenderá:
- ✓ Documento de Aviso de presentación (NTA)
- ✓ ¿Qué es una Audiencia Magistral (corte preliminar) (MH)?
- ✓ ¿Qué es una Audiencia Individual (juicio grande) (IH)?
- ✓ ¿Cómo funciona la Audiencia Magistral?
- ✓ ¿Cómo funciona la Audiencia Individual?
- ✓ ¿Si pierde, el proceso de apelación?
- ✓ Que esperar en una entrevista de Asilo afirmativo / UAC
- ✓ Que esperar en una entrevista de Petición de Matrimonio / Familia
- ✓ Que esperar en una entrevista consular en su país de origen (proceso consular 601A exención provisional)

Palabras legales para saber:

Apelación: Solicitar a un tribunal superior que revoque la decisión de un tribunal inferior

Objeción: Exprese su sentimiento de que no está de acuerdo con una prueba o la declaración del lado opuesto en la corte

Demandado: la persona acusada

Realizar un examen cruzado: para hacer preguntas a la persona de la oposición y discutir si su afirmación es verdadera

Breve: un documento legal que se presenta a un tribunal que indica por qué una persona en un caso debería ganar

Fiscal / Abogado de ICE: la persona responsable de representar al gobierno en un juicio
Introducción

INTRODUCTION

Como ciudadano de los Estados Unidos o como inmigrante, ser entrevistado o defenderse puede ser una de las tareas más difíciles en su vida. Cuando el inglés no es su primer idioma y no comprende el sistema legal de los Estados Unidos, representarse a sí mismo es aún más difícil.

ADVERTENCIA: escribimos este capítulo para aquellos que NO TIENEN NINGUNA OTRA OPCIÓN. Los inmigrantes que se representan a sí mismos a menudo fallan más del 90% del tiempo. Si es posible, use un Experto en Inmigración.

Las razones por las cuales sus posibilidades son pequeñas si se representa si mismo:
- ✓ **No comprende lo que está sucediendo en el tribunal:** lo más probable es que el inglés sea su segundo idioma. No comprende lo que se dice y cómo responder durante el proceso judicial.
- ✓ **El abogado de ICE sabe más de lo que usted sabe sobre la ley:** la audiencia judicial será usted frente a un abogado de inmigración de ICE. El abogado conoce la ley y ha escuchado cientos de casos como el suyo, su trabajo es convencer al juez de que usted miente y deportarlo. Por lo contrario, usted no ha hecho esto antes y debe defenderse contra el abogado.
- ✓ **No presentó ninguna evidencia de respaldo**: los tribunales de inmigración dependen de una combinación de testimonio y evidencia documental. La evidencia puede ser una colección de artículos de noticias, informes policiales, imágenes y estudios psicológicos, por ejemplo, que usted brinda a los tribunales para ayudar a probar su caso. Tener evidencia física traducida al inglés es importante para su caso.

No podemos afirmar lo suficiente la importancia de contratar a un experto en inmigración con experiencia. Toda investigación ha encontrado que sus posibilidades de ganar su caso son mucho mejores con un abogado.

Parte 1: Audiencias Judiciales (para procedimientos de deportación):

Hay DOS tipos de audiencias (cortes):
- ✓ **Audiencia Maestra** (MH) (corte preliminaria) generalmente una audiencia breve, 5-10 minutos
- ✓ **Audiencia Individual** (IH) (juicio grande) Generalmente de 1 a 6 horas o más

Parte 2: Entrevistas con la inmigración:

Las tres entrevistas más comunes con oficiales de inmigración:
- ✓ Entrevistas afirmativas de asilo y UAC
- ✓ Tarjeta de residencia basada en entrevista de matrimonio o de petición familiar
- ✓ Entrevista con un oficial en un consulado estadounidense en su país de origen

Los tribunales tienen procedimientos específicos sobre cómo actuar, cómo presentar pruebas, cómo incluir testigos y cómo comunicarse con el juez o el funcionario de inmigración. Este capítulo ofrece una descripción general de cómo defenderse.

Debemos repetir: A MENOS QUE NO TENGAS OTRAS OPCIONES, NO TRATE DE HACER ESTO SOLO. EL USO DE UN EXPERTO EN INMIGRACIÓN MEJORARÁ DRÁZTICAMENTE SUS POSIBILIDADES DE ÉXITO. SI LO HACE POR SI MISMO Y USTED NO TIENE EXITO, PODRA APELAR Y ENTONCES ENCUENTRE A UN ABOGADO DE INMIGRACIÓN

Representarse en el Tribunal

Las audiencias judiciales suelen ser el último paso en muchas solicitudes antes de que se le apruebe oficialmente o se le niegue la solicitud del inmigrante. Por suerte, si no le gusta la decisión del juez, el sistema de justicia de los estados unidos tiene un proceso de apelación que le permite llamar a un tribunal más alto (tres apelaciones posibles). Es importante porque no todos los jueces ven la ley de la misma manera. Por ejemplo, si solicita asilo en el área sureste de los Estados Unidos, sus posibilidades de éxito son del 5-10%. Si solicita asilo en la parte occidental de los Estados Unidos, sus posibilidades son del 60-75%.

Su aviso para aparecer: Un proceso judicial comienza con un **"Aviso para aparecer" o NTA.** Recibirá la NTA por correo, o se la entregarán si se encuentra detenido. La NTA le dará dos puntos importantes de información:

- ✓ **Los cargos en su contra.** Debe comprender los cargos como su defensa debe ser para demostrar por qué no es culpable. Dirá que el gobierno le ha acusado de estar en los Estados Unidos sin autorización (sin documentación). Sin embargo, también puede incluir otros cargos.
- ✓ **Su cita en la corte;** La mayoría de las veces el documento tendrá su fecha de corte. Si recibe un NTA sin una fecha de corte, Inmigración le enviará un documento futuro con esa fecha. También puede llamar al 800-898-7180, ingrese su número A (estará en su NTA) y escuche la grabación. Le dará la fecha de corte asignada

¿Qué sucede si ignoro la NTA y me presento a la cita en la corte? Si omite o pierde la fecha de su audiencia, podría perder la oportunidad de documentarse. El juez emitirá una orden de deportación. Si ICE sabe dónde vive, puede esperar que le toquen la puerta pronto y ICE arrestará a todos en su hogar o trabajo que no estén documentados. Para evitar ser detenido, lea el Capítulo Nueve. Tenga en cuenta que omitir su cita en la corte probablemente terminará con sus posibilidades de documentarse

La NTA suele ser el primer documento que solicita un abogado cuando lo representan ante un tribunal. Les dice qué deben hacer para defenderle y cuánto tiempo tienen.

No podemos entrar en detalles sobre cómo enviar sus documentos. Sugerimos encarecidamente que, si está haciendo esto por su cuenta, busque algún consejo profesional de una organización de ayuda legal sin fines de lucro. Recuerde, todo lo que envíe debe estar en inglés. Aquí hay algunos consejos que debe tener en cuenta:

1) **Vístase bien:** desea hacer lo que sea necesario para complacer a la corte y demostrar que se toma esto en serio. Lo mejor es un traje y corbata o un vestido conservador, pero si no tienes eso, al menos algo que esté limpio. No vengas en tu ropa de trabajo.

2) **No traiga Ud.:** No traiga a sus hijos. No traiga ningún alimento o bebida. No querrá traer nada que pueda ser perjudicial en la corte.

3) **Llegue temprano:** es mejor llegar una hora antes que cinco minutos de retraso. Sabemos de historias en las que la gente llegaba a la corte y terminaba en el edificio o la sala del tribunal equivocados o tenía un retraso debido al tráfico solo para llegar tarde. La corte no te

esperará. Cuando se encuentre en la sala del tribunal designada, deberá iniciar sesión. Normalmente, encontrará el papel en la pared cerca de la puerta del tribunal. Pida a las personas que le rodean el procedimiento correcto.

4) **Habla un poco de inglés:** demuéstrale al juez que intenta aprender inglés. Sin embargo, a menos que sea fluido, diga una o dos líneas en inglés y luego diga que preferiría usar su lengua materna, para que no se pierda nada. Asegúrese de informarle al tribunal con anticipación que necesitará un intérprete.

5) **Esté preparado:** si envía documentos a la corte, organícelos de una manera que sea fácil de usar mientras brinda su historia. Si trajo testigos, deberían sentarse en los bancos detrás de Ud.

NOTA: Por ley, la audiencia no puede continuar a menos que tenga un intérprete para su idioma.

Abogado de ICE: Esta es la persona que tratará de convencer al juez de que usted es culpable y lo enviará de regreso a su país de origen. Tienen años de experiencia en la corte. Tenga en cuenta, sin embargo; Es probable que el abogado de ICE no haya visto tu caso hasta las últimas horas. Usted tiene meses para prepararse.

Audiencias Judiciales

La Audiencia Maestra (MH), (Corte Premliminaria)
La audiencia preliminar es corta, por lo general de 5 a 10 minutos como máximo. Es para establecer cómo desea declararse culpable (culpable o inocente) más el tiempo establecido para organizar su caso.

El demandado (usted) pide un tiempo para buscar un abogado (si es necesario) Usted o su Experto en Inmigración le pedirán más tiempo para preparar el caso o presentar alegatos y presentar una solicitud de asilo (si es necesario). Recomendamos 90-120 días.

Establezca la fecha para la audiencia final (IH) si no hay problemas pendientes. En ocasiones, recibirá la fecha final de la audiencia por escrito. No será necesario que presente pruebas que respalden su caso en esta audiencia, pero debe enviar su solicitud (por ejemplo, Asilo, 42b). El objetivo principal es que usted admita o niegue los alegatos enumerados en el Aviso de Aparecer (NTA). Usted es el "Demandado". Dependiendo de su caso, puede haber más de una Audiencia Maestra antes de su Audiencia Individual

Si no se sientes cómodo hablando inglés, no lo haga. No querrá perderse nada. Asegúrese de informar al tribunal con anticipación que se sentiría más cómodo hablando su idioma. No intente comunicarse en un idioma en el que no se sienta completamente cómodo hablando. Si no hay intérprete disponible, el juez establecerá una nueva fecha en la corte. Desea hacerlo bien debido a cualquier confusión sobre lo que diga incorrectamente que puede hacer que el juez decida en su contra.

La audiencia comenzará cuando el juez le pida su información personal, como el nombre, la dirección, el idioma materno y, tal vez, otros idiomas que domine. Luego, el juez leerá los cargos en su contra enumerados en su NTA. Asegúrese de decirle al juez si hay algo impreciso en la NTA.

Si tiene la intención de quedarse en los Estados Unidos, niegue los cargos en la NTA. De nuevo, presente su solicitud ante o en la Audiencia Maestra. En ese momento, dígale al juez que está buscando asilo o retención de la deportación o cancelación de la deportación. Deberías haber leído el Capítulo Tres para saber qué estado estás solicitando. Si está solicitando asilo, el juez le pedirá que nombre el país donde lo devolverán. Debe decir que no tiene un país al que pueda volver y sentirse seguro. La razón por la que está solicitando asilo es porque tiene miedo de regresar a su país de origen. De todos modos, el juez anotará su país de origen como parte del procedimiento. ASEGÚRESE DE HACER DOS COPIAS, UNA PARA EL ABOGADO DE ICE Y UNA PARA USTED MISMO. EL ORIGINAL VA AL TRIBUNAL.

Lo último es que el juez establecerá su próxima fecha (s) para la corte. Si estás detenido, pueden establecer otra Audiencia Maestra para tu fianza y luego tu Audiencia Individual. Desea dedicar suficiente tiempo antes de la Audiencia Individual para preparar su historia o, si encuentra este evento abrumador, encuentre un Experto en Inmigración que lo ayude.

Al final de la audiencia, el tribunal le dará un aviso por escrito indicando la fecha de su próxima audiencia.

La Audiencia (Corte) Individual (IH) (el juicio grande)
✓ Todos los documentos de apoyo deben presentarse 15-30 días antes de la audiencia judicial
✓ Toda la evidencia y los testimonios se presentan en esta audiencia

✓ El juez puede decidir ese día o más tarde en una decisión por escrito

La audiencia individual es la audiencia más importante que determina si se le permitirá permanecer en los Estados Unidos. La audiencia puede durar entre 2 y 6 horas y tal vez incluso más. Depende de la cantidad de evidencia que desee revisar y de los testigos que declararán en su defensa.

Recuerde, CADA CASO ES DIFERENTE Y ESO INCLUYE EL SUYO. Tenga en cuenta:

✓ Si ha estado en los Estados Unidos por más de un año y hasta ahora está solicitando asilo, tendrá que dar una buena razón por la cual no presentó su solicitud antes de la fecha límite de 12 meses.

✓ Si ha cometido algún delito como conducir borracho o violencia doméstica, tendrá que explicarlo. No puede ocultarlos porque el abogado de ICE tendrá copias de sus antecedentes penales.

✓ Si ha vuelto a ingresar a los Estados Unidos más de una vez, tendrá que explicar por qué. Si este es el caso, es probable que solo pueda solicitar la Suspensión de la Deportación.

✓ Si su documento de NTA enumera otros cargos, tendrá que explicarlos.

Si hubiera contratado a un Experto en Inmigración, habría desarrollado un "resumen", que a menudo es un documento largo en el que se argumenta por qué su caso debe ser aprobado. No es necesario proporcionar un resumen legal, pero ayuda enormemente a convencer al juez por qué debe quedarse.

Si planea incluir cualquier evidencia o testigos, deberá presentar copias de la evidencia y una lista de testigos entre 15

y 30 días antes de su audiencia ante el tribunal (según el juez).
Ver el Capítulo Cuatro

Independientemente del resultado de su caso, NO será
arrestado en el tribunal. Podrá ir a casa con su familia. ICE no lo
detendrá.

El día de su audiencia
Antes de hacer nada, vaya a la sección "Información útil" de
este libro y busque la dirección web que enlaza con un video
de YouTube sobre procedimientos judiciales. Le dará una idea
de lo que sucederá en la audiencia de su corte.

El proceso del tribunal de audiencias individuales (IH)
En la sala del tribunal, habrá dos mesas. Usted se sentarás en
una, y el abogado de ICE se sentará en el otra. El juez ya
podría estar sentado. De lo contrario, cuando llegue el juez,
párese hasta que se haya sentado el juez. Si no está seguro,
haga lo que hace el abogado de ICE.

Al principio, el juez leerá los cargos enumerados en su carta
de Aviso de comparecencia. Tendrás la oportunidad de
corregir cualquier cosa que haya cambiado desde tu
Audiencia Maestra, como una nueva dirección. Además, el
juez revisará su solicitud de asilo. Ahora es el momento de
hacer los últimos cambios. Es importante que sea preciso.
Cualquier cosa que sea engañosa o errónea puede ser utilizada
en su contra por el Abogado de ICE.

Luego, el juez ingresará cualquier evidencia en el registro
judicial. Lo que haya enviado hace dos semanas será revisado.
Si no, la audiencia comenzará.

Comenzará a presentar su historia. No hay límite de tiempo,
así que cuente su historia lentamente, para que el intérprete

pueda traducirla correctamente. Debería ser apasionado y emocional. Cuente tu historia como si la hubiera experimentado ayer. Si su experiencia no le sucedió a usted sino a un miembro de la familia, exprese el tipo de persona que era y cómo está conectado. Por ejemplo; "las pandillas han matado a mi hermano y están persiguiendo a toda mi familia". "Me perseguirán de la misma manera ". Luego, explica por qué, independientemente de a dónde vayas en tu país de origen, es muy probable que tu vida esté en peligro. Lea el Capítulo Cuatro sobre cómo desarrollar su historia. Recuerde, sea sincero, apasionado y emocional. Exprese miedo en su cara al recordar su experiencia. Mientras habla, proporcione los ejemplos (exposiciones) para ayudar a explicar las condiciones de su país de origen.

Una vez que haya terminado su historia, el abogado de ICE le dirá al juez por qué debe ser deportado o "interrogado". Su trabajo es convencer al juez por qué el gobierno debería deportarlo. Lo hacen al intentar encontrar problemas con su historia. Pueden hacerle la misma pregunta desde diferentes puntos. Debe responder exactamente de la misma manera que presentó su historia. Harán todo lo posible para que parezca que no está diciendo la verdad. Su historia no puede cambiar. Lea el Capítulo Cuatro sobre cómo desarrollar su historia.

Luego puede presentar testigos o expertos que proporcionarán pruebas adicionales de que su historia es verdadera. El abogado y el juez de ICE también tendrán el derecho de hacerles preguntas.

Después de que todo haya sido dicho y los testigos hayan hablado, tanto usted como el abogado de ICE podrán hacer una declaración final. Su "Declaración de cierre" es muy importante, ya que es la última oportunidad que tendrá para convencer al juez de su historia de asilo.

La decisión final corresponde al Juez y el tomará una decisión final al final de la audiencia o pospondrá la decisión para otro día. Si decide más adelante, recibirá el aviso por correo. Si el juez aprueba su caso, podrá quedarse en los Estados Unidos. En el caso de asilo, puede solicitar una Green Card un año después de que el juez haya aprobado su solicitud. Si el juez decide en su contra, tiene derecho a apelar su decisión.

Si pierde - Cómo apelar
Si el juez decide en su contra, no se preocupe, pero debe tomar medidas. Lamentablemente, algunos jueces decidirán en su contra, independientemente de cuán buena sea su historia. Tendrá 30 días para apelar la decisión del juez ante la BIA (Junta de Apelaciones de Inmigración). Ahora DEBE usar un Experto en Inmigración para que lo represente.

Si al final de la audiencia el juez decide en contra de su caso, pueden decir: "Basándome en la evidencia, le ordeno que sea deportado de regreso a su país de nacimiento y denegué su solicitud". El juez debe entonces decir: " ¿Quiere Ud. apelar mi decisión? "Consulte con su abogado. Tendrá 30 días para apelar la decisión. En los Estados Unidos, si no está de acuerdo con la decisión de un tribunal, puede solicitar que un tribunal superior considere su caso.

Niveles de apelación:
- ✓ BIA - Junta de Apelaciones de Inmigración - Primer nivel
- ✓ Tribunal de Apelaciones de Circuito - Segundo nivel
- ✓ Tribunal Supremo - Tercer nivel

Si tiene un buen caso y el dinero para pagar los costos del

tribunal, puede apelarlo hasta el tribunal Supremo. El proceso de apelaciones puede durar muchos años e incluso terminar a su favor.

Por ejemplo, en abril de 2018, el Tribunal Supremo de los Estados Unidos decidió a favor del inmigrante, el Sr. Dimaya, sobre la definición de un delito de violencia. La decisión impide que el gobierno califique a un delito de crimen de violencia. Sin embargo, si Ud. tiene un caso débil, entonces todo lo que está haciendo es retrasar lo inevitable.

Una entrevista con un oficial de inmigración de ICE

El trabajo de inmigración es entrevistarlo haciendo una serie de preguntas en forma de conversación. Buscan problemas e inconsistencias con su historia. Entrevistan a cientos de personas cada mes y pueden determinar rápidamente quién dice la verdad y quién no. Serás entrevistado por un oficial cuando:
- ✓ Usted está solicitando asilo afirmativo o UAC
- ✓ Petición de matrimonio o petición familiar
- ✓ Entrevista consular en su país de origen

En este libro, cubriremos las entrevistas más comunes (asilo y matrimonio / familia) y lo que sucede durante la entrevista. Si pasa puede ser el último paso antes de poder solicitar su Green Card.

Entrevista de asilo afirmativo o UAC
Si pasa su entrevista de asilo, recibirá el estado refugiado "Asylee" (documentado). En un año puede solicitar una Green Card.

Entrevista de la petición de matrimonio o familiar
- ✓ Dentro del país (los EE. UU.) (ingresado con una visa)

✓ En su país de origen (ingresado sin inspección)

Si aprueba su entrevista dentro o fuera de los Estados Unidos, inmigración le otorgará su Tarjeta Verde. Si está casado menos de dos años, Inmigración le emitirá una Tarjeta Verde de dos años. Antes de que caduque, deberá enviar información adicional para demostrar que todavía está casado y viviendo juntos. Una vez que eso suceda, recibirá su Green Card de 10 años. Si la inmigración tiene más preguntas, se le puede pedir que asista a otra entrevista.

Prepárate antes de ir a la entrevista
No podemos decirle esto lo suficiente, **ESTÉ PREPARADO** y tome en serio el proceso de la entrevista.

Solicitud de asilo: el entrevistador escuchará cómo califica bajo uno de los "motivos protegidos". Su historia debe ser coherente y creíble. La entrevista podría durar varias horas. Ver el Capítulo Cuatro.
✓ **Qué llevar:** traiga una copia de todo lo que envió a Inmigración más su identificación, pasaporte y la invitación a la entrevista.

Petición de matrimonio: sepa que puede ser entrevistado juntos o por separado. El oficial le hará una serie de preguntas. Verán cómo coinciden (edad y capacidad para hablar el idioma del otro). También verán su lenguaje corporal. ¿Están Uds. cómodos juntos? La entrevista durará de 5 a 30 minutos.
✓ **Qué llevar:** traiga una copia de todo lo que envió a Inmigración y su identificación (tanto usted como su cónyuge).

Entrevista consular en su país de origen: deberá regresar a su país de nacimiento y asistir a la entrevista en el Consulado de los Estados Unidos. A menudo, la entrevista es solo a través de una ventana, pero a veces estará en una habitación. La entrevista durará entre unos minutos y una hora.

   ✓ **Qué llevar:** traiga el original y una copia de todo lo que haya enviado en el pasado, dos fotos de pasaporte y un pasaporte válido.

En todos los casos, vístase bien y llega temprano y no discutas con el oficial entrevistador. Harán la misma pregunta de diferentes maneras. Si tiene su historia correcta, no tendrá problemas.

Si tiene un buen motivo, puede posponer la entrevista. Pregunte por escrito o vaya a la oficina con anticipación y solicite una nueva fecha.

Las entrevistas: Entrevista de matrimonio o petición de familia que tiene lugar en los Estados Unidos

Ejemplos de preguntas que pueden hacer:
- ✓ ¿Cómo y cuándo se conocieron?
- ✓ ¿Cuánto tiempo salieron juntos antes de que tu cónyuge te propusiera?
- ✓ ¿Cómo te propuso tu cónyuge? ¿Te dieron un anillo? ¿Fue en la cena?
- ✓ ¿Alguno de ustedes han conocido a los parientes?
- ✓ ¿Están viviendo juntos ahora?
- ✓ ¿Cuál es la fecha de nacimiento de cada uno?
- ✓ ¿Cuál es la dirección donde vives?
- ✓ ¿Cuál es el nombre del mejor amigo de su cónyuge?
- ✓ ¿Dónde trabaja su cónyuge?
- ✓ ¿Cuáles son sus cosas favoritas que hace los fines de semana?
- ✓ ¿su esposo mira televisión? Si es así, ¿cuáles son sus programas favoritos?
- ✓ ¿Qué hay de la boda, cuántas personas fueron? ¿Dónde fue la boda?
- ✓ ¿Alguno de los miembros de su familia asistió a la boda? ¿Quiénes eran?
- ✓ ¿Ha ido de vacaciones? ¿Tiene fotos?
- ✓ ¿Están planeando tener hijos?
- ✓ ¿Su pareja tiene tatuajes en su cuerpo?
- ✓ ¿Tiene algún documento que demuestre que ambos viven juntos?
- ✓ ¿Ambos hablan el mismo idioma?

Entrevista de petición de matrimonio o familiar en su país de origen

(proceso consular o I-601 A waiver (perdón)

ATENCIÓN: A continuación, se aplica solo a las personas en los Estados Unidos que ingresaron al país sin inspección (indocumentadas). Deberás regresar a su país de origen para esta entrevista. Si tiene una entrada legal (Visa overstayer) esto no se aplica a usted.

Después de enviar todos los documentos y se aprueba su exención provisional, recibirá un aviso de cita en su país de origen.

Deberás traer:
- ✓ Todos los documentos que envió al Centro Nacional de Visas (versión original y un juego de copias).
- ✓ Registros de exámenes médicos con médicos autorizados.
- ✓ Documentos financieros del solicitante u otro patrocinador en su solicitud
- ✓ Declaraciones juradas firmadas de apoyo
- ✓ Dos fotos de pasaporte
- ✓ Su pasaporte válido

El tiempo de la entrevista puede tomar solo unos minutos. Será una conversación con un oficial que lo evaluará como persona. Cada oficial hará la entrevista de manera diferente. Recuerde ser natural y honesto.

Petición de Asilo Afirmativo o UAC

Se sentará frente al escritorio o la mesa del oficial. Sobre la mesa estará la evidencia que proporcionó y un bloc de notas. El oficial hará una serie de preguntas como las que se enumeran a continuación. En su cabeza, él o ella está construyendo una imagen mental de lo que sucedió y comparara su historia con las fechas con sellos de pasaportes y otra evidencia que proporciones. Si dice que no ha visitado su país de origen, pero tiene un sello en su pasaporte que demuestra que usted era, su historia perderá credibilidad.

Lea todas estas preguntas cuidadosamente:
- ✓ ¿Cuándo ingresó Ud. a los Estados Unidos?
- ✓ "Deme su pasaporte". Este es un registro de evidencia de sus viajes. Debe apoyar su historia
- ✓ ¿Sufrió algún daño físico?
- ✓ ¿Tiene alguna cicatriz para probar su reclamo (no es necesario)?
- ✓ ¿Hay alguien que pueda dar testimonio de sus afirmaciones de daños o amenazas?
- ✓ ¿Ha solicitado asilo en otro país? Si no, ¿por qué?
- ✓ ¿Alguna vez ha cometido algún acto terrorista?
- ✓ ¿En qué ciudad nació?
- ✓ ¿Está casado y tiene hijos?
- ✓ ¿Alguna vez ha regresado a su país de origen?
- ✓ ¿Fue torturado?
- ✓ ¿Alguna vez ha sido parte de una organización o grupo como un partido político?
- ✓ ¿Has sido lastimado?
- ✓ ¿Cuándo le lastimaron a Ud.?
- ✓ ¿Alguna vez mintió sobre un formulario de solicitud en los Estados Unidos?
- ✓ ¿Alguna vez estuvo en prisión en su país de origen? ¿Si es así por qué?

✓ ¿Tiene familiares en los Estados Unidos?

✓ ¿Tiene familia en su país de origen?

✓ ¿La policía local en su país de origen intentó evitar que la gente lo lastimara?

✓ ¿Teme volver a su país de origen? Si es así, ¿por qué?

✓ ¿Le mintió a alguien acerca de su ciudadanía mientras estaba en los Estados Unidos?

✓ ¿le lastimaron físicamente en su país de origen?

✓ ¿Intentó mudarse a otra área en su país de origen?

✓ Después de salir de su país de origen, ¿lo hizo en cualquier momento en que regresó?

✓ ¿Le obligaron a cometer algún crimen?

✓ ¿Tiene alguna evidencia adicional o cartas que le gustaría enviar?

Tenga en cuenta que varias preguntas suenan igual, como; ¿Ha sufrido algún daño físico? Y, ¿ha sido lastimado? Le harán la misma pregunta de manera diferente a propósito. Así que ten cuidado. Mantenga sus respuestas cortas. No cambia su historia. Use detalles, pero no expande su respuesta más allá de la pregunta. De nuevo, use la emoción al explicar.

Recuerde, desarrolle su historia usando el Capítulo Cuatro y practique, practique, practique.

Al final, el oficial le preguntará si tiene algo más para agregar. No le dirán si aprobó su entrevista. Dentro de dos semanas regresará a la oficina para recibir su notificación, o la recibirá por correo. La decisión será una de las siguientes:

✓ **Aprobación:** la mejor respuesta posible. Ahora tiene un año para organizar sus documentos y prepararse para su solicitud de tarjeta verde.

✓ **Aprobación recomendada:** aprobó la entrevista, pero Inmigración está esperando verificaciones de seguridad de antecedentes.

✓ **Negar:** Significa que falló en convencer al oficial de que tenía "miedo creíble". Tendrá una segunda oportunidad en un tribunal de inmigración.

✓ **Aviso de intención de denegar (NOID):** solo se produce si actualmente tiene un estado legal. El documento indicará por qué Inmigración tiene la intención de denegar su solicitud. Tendrá 16 días para responder.

Si se niega, tendrá una segunda oportunidad para contar su historia a un juez de inmigración. **Si no ha contratado a un Experto en Inmigración, ahora es el momento.**

Capitulo Seis

Siendo Arrestado y lo que ICE (Inmigración y Control de Aduanas) no quiere que usted sepa

"La ciudadanía para mi es más que un pedazo de papel. La ciudadanía también es acerca del carácter. Yo soy un americano. Solo estamos esperando que nuestro país lo reconozca." – José Antonio Vargas

----

Lo que usted aprenderá:
- ✓ Un encuentro con ICE en su CASA (conozca sus derechos)
- ✓ Un encuentro con la policía o ICE en publico
- ✓ Qué hacer si es arrestado por ICE
- ✓ Qué hacer si es detenido
- ✓ Como detener una deportación acelerada
- ✓ Posibles maneras de liberarse de la detención
- ✓ Tribunal de detención y la apelación
- ✓ Si es deportado, qué hacer

En los Estados Unidos, todos, incluyendo a personas indocumentadas tienen derechos, Es importante que usted conozca sus derechos

Historia verdadera: Era temprano, como las 7:00AM; Alejandra iba saliendo de su casa hacia su trabajo. Dos personas se le acercaron y le preguntaron si ella conocía a un Antonio y que si él vivía en la casa. Ella contesto que era su esposo y que estaba dormido en la casa. Ellos le dijeron que él les había llamado acerca de un crimen que había presenciado y que querían hablar con él. Era urgente. Ella dijo que si y entro de nuevo a su casa. Desafortunadamente. Ella no cerró la puerta de su casa. Alejandra fue al dormitorio y le dijo a su esposo que dos personas querían hacerle unas preguntas. Él se levantó y camino hacia la sala donde de repente había cinco hombres esperándolo. Eran de ICE. Alejandra era legal, pero Antonio no tenía documentación. Él tenía en los Estados Unidos desde el 1980. Ellos estaban casados y tenían tres hijos. Eso no hizo ninguna diferencia. Antonio fue arrestado y después deportado.

¿Qué fue lo que Alejandra hizo mal? Ella dejo abierta la puerta, y ella admitió que Antonio estaba en la casa. Sabiendo que él era indocumentado, ella debería de haber respondido que no sabía si estaba en casa, entrado a la casa y cerrado la puerta con candado. **Al menos que ICE tenga una orden firmada por un juez, ellos no hubieran tenido otra opción que retirarse e intentar otro día.** Para entonces, Alejandra y Antonio hubieran podido contactar a un Experto en Inmigración y resolver cuales eran sus opciones.

ICE y centros de detención privados lo ven a usted tan solo como un número. Presidente Trump ha prometido a sus apoyadores que deportaría tantas personas indocumentadas

que le sean posible. ICE mentira, utilizadora el temor, amenazará o hasta pretenderá ser amable con usted para conseguir que usted haga algo. Y eso es que usted admita que es indocumentado, para poderlo arrestar y deportar. Y si usted está detenido, le harán aún más difícil la vida. Todo lo que quieren es que usted firme su propia carta de deportación y enviarlo de camino al país donde usted nació.
Conocer sus derechos es importante.

Un encuentro con ICE en su CASA (conozca sus derechos)

Si ICE está tocando a su puerta, no le abra al menos que tengan una orden firmada por un juez. Hay dos tipos de órdenes.

- ✓ **ICE Orden de Inmigración:** Esta dirá en la parte superior, "U.S. Department of Justice", (Departamento de Justicia de los Estados Unidos) y "Warrant for removal/deportation" (Orden para la deportación) Este documento no le da a ICE el poder de entrar a su casa o de remover cualquier evidencia. Solo le da a ICE el derecho de detenerlo si es que físicamente lo ven.
- ✓ **Orden Judicial:** La parte superior de este documento dirá "The United States District Court." (Corte de Distrito de los Estados Unidos) El documento tendrá su nombre y su domicilio en frente, y es firmado por un juez. Este documento si le da a la policía el poder de entrar a su casa, arrestarlo y tomar cualquier evidencia.

Solo una orden firmada por un juez le da a ICE el derecho de entrar a su casa sin su permiso. NO abra la puerta al menos que ICE pueda darle una orden firmada. DEBE tener su nombre y domicilio correcto con la firma de un juez. No se deje engañar por ICE.

Este consiente que ICE usara trucos para lograr que usted abra la puerta, como:
- ✓ Estamos investigando un crimen y nos gustaría hacerle unas preguntas

- ✓ Creemos que su identidad ha sido robada y nos gustaría hacerle unas preguntas
- ✓ ¿Podría salir de su casa para poderle hacer unas preguntas acerca de su vecino?

También podrían utilizar el temor, gritándole y amenazándole que tiraran su puerta. Diga a ICE que no les puede ayudar y pídales que se vayan. Ellos le mentirán y dirán cualquier cosa por tal de que usted abra la puerta. Si usted abre la puerta y le piden permiso de entrar, dígale que no. De nuevo, al menos que tengan una orden valida, ellos no pueden entrar en su casa. NO tendrán más opción que irse. Si ICE entra a su casa a la fuerza, ellos están violando sus derechos. Usted tiene todo derecho de grabar con su teléfono. Ellos no tienen derecho a su teléfono o a ningún documento. Si ellos violan sus derechos, obtenga pruebas tales como una grabación de video con su teléfono celular y llame a un Experto en Inmigración.

Un encuentro con la policía o ICE en publico
En los Estado Unidos, nadie, excepto ICE pueden investigar y arrestar a personas indocumentadas. La policía local tiene el poder de arrestarlo si hay una orden contra usted. **Pero, si usted va caminando en público y no ha cometido ningún delito, NI ICE NI LA POLICIA TIENEN EL PODER DE PREGUNTAR SU ESTATUS MIGRATORIO AL AZAR.**

Algunos estados como ARIZONA, ALABAMA, GEORGIA y TEXAS han aprobado leyes que le permite a la policía local preguntarle acerca de su ciudadanía, pero solo si está haciendo otra cosa que este en violación de alguna ley como una ir a alta velocidad o una lampara trasera descompuesta de su automóvil. La policía solo puede pedirle una identificación (ID) de gobierno como un pasaporte o licencia de conducir. Ellos no le pueden preguntar acerca de su ciudadanía o su país natal. Si usted está caminando en público, no tiene que cargar con usted su identificación. Si se la piden, diga: "**¿Disculpe, pero no tengo una identificación conmigo, estoy haciendo algo mal? ¿Podría decirme que ley estoy quebrantando**?" Si el oficial ignora sus preguntas, pregunte de nuevo. Pero, NO LE VAYA A MENTIR AL OFICIAL Y SEA AMABLE. No diga que es ciudadano de los Estados Unidos al menos que lo sea.

Si es arrestado por agentes de ICE

Recuerde sus derechos y siempre coopere con ICE, pero no les dé información innecesaria. Pregunte la razón por la cual lo están arrestando.

Conozca sus derechos:
- ✓ Usted tiene derecho de permanecer callado
- ✓ Usted tiene el derecho de hablar con un abogado antes de hablar con inmigración
- ✓ Con la excepción de darles su nombre, permanezca callado hasta que tenga a su abogado presente
- ✓ No admita nada, como de donde es
- ✓ No firme nada hasta que su abogado este presente

Por favor sepa que he elegido ejercer mi derecho de permanecer callado y me reúso h contestar sus preguntas. Si me detiene, pide contactar a mi abogado de inmediato. También estoy ejerciendo mu derecho de no firmar nada hasta que hable con mi abogado.

Querrá decir en inglés o español

Sin importar que tanto trate el oficial, no firme nada, no le dé su domicilio y no diga que es indocumentado. Pero, no les mienta. La razón es porque, todo lo que diga será usado en su contra en un tribunal. Hay excepciones tales como el firmar su cartilla de huellas. **Recuerde, ser amable y cooperativo. Pero no firme cualquier papel que le obligue a admitir alguna culpa.**

Siempre lleve con usted documentación que pruebe que usted ha estado en los Estados Unidos por más de dos años. Trump cambio las reglas en febrero 2017 que indican que, si no puedes comprobar que has estado en los Estados Unidos por lo menos por dos años, terminara con una deportación acelerada (sin una audiencia en un tribunal). Los comprobantes pueden ser un talón de cheque, una factura de utilidad o un recibo con fecha y su nombre. Si usted ya aplico para cualquier tipo de estatus (por asilo o por matrimonio, por ejemplo) mantenga con usted todo el tiempo una copia de su notificación de que ha sido recibida.

Sea consciente:
- ✓ No lleve con usted identificaciones falsas o documentos falso como una tarjeta de seguro social falsa
- ✓ No lleve con usted el pasaporte de su país de origen
- ✓ No lleve con usted cualquier papel de su país de origen
- ✓ No lleve con usted cualquier documento con su domicilio de casa
- ✓ Si su teléfono contiene información como su domicilio de casa, manténgalo protegido con una contraseña

ICE utilizara cualquier cosa que usted lleve consigo para encontrar a sus amistades y familiares que sean indocumentados. Al tiempo de ser arrestado, si ha dejado pertenencias personales como un automóvil, dígale a sus hijos o amistades que sean indocumentados que se mantengan lejos. ICE puede utilizarlo como carnada para capturarlos a ello también. Solo pídale a alguien que sea legal, que vaya por sus pertenencias. Debe dejar un par de llaves extra en casa para que alguien pueda moverlo a un lugar seguro.

Remember

Como hemos mencionado varias veces en este libro, debe tener un Experto en Inmigración disponible para hacerle preguntas. Si es arrestado y detenido, llame a su abogado y después llame a sus familiares. Todo se lo quitaran así de que debe memorizar los números telefónicos de su familia y de un Experto en Inmigración. También, si tiene no, memorice su número A-. SI no tiene un numero A-, le proveerán uno. Sus familiares y amigos deben saber esto; Ellos pueden llamar al **1-800-898-7180** e ingresar el número A- para recibir información al corriente, acerca de su caso. La llamada es un servicio automatizado, no rastreara su locación.

Durante el procesamiento, le tomaran sus huellas digitales y fotos. Después los oficiales lo empezaran a presionar. Ellos le pidieron que admita que ha estado en los Estados Unidos sin documentación. Ellos harán lo que puedan por hacerle la vida lo más difícil posible. Le dirán que puede estar ahí por meses o años, si no firma su orden de deportación. Si lo firma, usted está aceptando no ver a un juez, y estará en camino a su país de origen.

Si usted tiene una buena historia del porque está aquí, y NO tiene nada que ver con buscar una vida mejor, debería pedir asilo por el temor de ser regresado a su país. Y dígales que tiene que hablar con un Experto en Inmigración ANTES de las entrevistas. Si usted no tiene uno, ellos deben darle una lista de abogados a los que pueda hablar. Recuerde que: seleccionar un abogado al azar de una lista quiere decir que está tomando un riesgo. Lea los Capitulo Cinco y Siete para que vea lo que sucede en los procesos tribunales y el elegir a un abogado.

Desafortunadamente, el proceso puede tomar mese para pelear su deportación, y puede que permanezca detenido durante ese tiempo. Si usted tiene un buen argumento y su abogado está de acuerdo, **NO SE DE POR VENCIDO**. Sera su única posibilidad para detener su deportación.

Este consiente de que hay abogados fraudulentos. Desafortunadamente, algunos abogados poco éticos se aprovechan de la gente detenida. Ellos tomaran su dinero sabiendo que tiene pocas o ninguna posibilidad de tener éxito. Cuando contrate a un Experto en Inmigración, haga su parte en pedir referencias a las cuales le pueda llamar para preguntar acerca de la calidad de sus servicios. **Lea el Capitulo Siete** acerca de encontrar un Experto en Inmigración. Es mejor encontrar un Experto en

Cuando se es detenido por la policía local o ICE, ICE tiene 48 horas para que comiencen el proceso de deportación, o tienen que dejarlo ir. En veces ICE puede detenerlo por periodos más largos de tiempo al ponerlo en "detención" para darse más tiempo de formular su caso en contra suya. DE NINGUNA MANERA PUEDE ICE O LA POILICA LOCAL DETERNERLO POR MAS DE 72 HORAS SIN DARLE UN AVISO DE APARECER (NTA, siglas en ingles).

Un Experto en Inmigración puede utilizar cualquier violación de sus derechos en contra de ICE, mediante la presentación de un "moción para suprimir." Además, de acuerdo con la Constitución de los Estados Unidos, ICE no puede utilizar evidencia obtenida sin una orden en contra de usted. Eso incluye evidencias físicas, tales como documentos o testimonios de testigos. Una vez que la evidencia que fue obtenida de manera ilegal es excluida, es posible que ICE ya no tenga suficiente evidencia en su contra durante su audiencia para ser removido.

Aquí está una sugerencia: Si es la policía con el que estas tratando y no ICE, si convence al oficial que tiene en los Estados Unidos varios años y que tiene hijos pequeños en casa, quizá se compadezca de usted y le deje ir. (eso depende del oficial)

Posibles maneras de ser liberado de una detención
En estos días, es más difícil ser liberado de una detención con Trump en la oficina. Aunque, si un juez de inmigración determina que usted tiene un caso razonable, será mantenido en detención hasta su audiencia final o dejado en libertad bajo fianza.

Fianza: La fianza es una cantidad fijada pagada al gobierno a cambio de ser liberado. Funciona como una garantía de que usted se presentara a todas sus audiencias tribunales. Si se presenta a todas sus audiencias y acepta lo que le suceda, el gobierno le regresara el dinero.

Los oficiales de inmigración fijaran la fianza. La persona detenida recibirá un papel indicando: "Aviso de Determinación de Custodia." **(Notice of Custody Determination)**. En el estará la cantidad requerida para la fianza. El juez también puede ser quien fije la fianza. Su Experto en Inmigración debe estar presente durante cualquier audiencia para ayudar minimizar la cantidad de la fianza. No todos son elegibles para salir bajo fianza. Todo depende en los cargos presentados y el riesgo de que usted no regrese al tribunal si lo dejan libre. Puede utilizar a una persona de fianzas, "bondsman", que le pueda ayudar. Un abogado o hasta un notario le puede ayudar a encontrar a una persona de finanzas.

Orden de Supervisión: Puede que ya tenga una orden para ser removido o aún está esperando una audiencia, pero puede haber ciertas circunstancias especiales que un Experto en Inmigración puede presentar ante ICE que pueda permitirle ser liberado, tales como su familia u otras pruebas. El salir bajo fianza, también le da tiempo de poner en orden todas sus pertenencias antes de ser deportado. Usted tendrá que reportarse con ICE regularmente como parte del acuerdo al salir bajo fianza, y quizás utilizara un brazalete en el tobillo.

Como Trump no está empleando suficientes jueces, la audiencia ante un tribunal puede tardar desde unos cuantos meses a años. Debería trabajar con su Experto en Inmigración para encontrar la razón por la cual pueda ser liberado. Si tiene éxito, se tendrá que reportar con ICE regularmente.

Deportado: lo que debe recordar

Si es deportado bajo la fuerza, solo le permitirán regresar a su país de origen con una maleta de 40 libras de ropa. Inmigración le quitara cualquier identificación de los Estados Unidos.

Dependiendo de sus circunstancias, inmigración puede que le libere con un brazalete en el tobillo para que usted pueda organizar sus pertenencias personales. Si es que no lo liberan, tiene que trabajar con alguien de su confianza para que organice todo por usted.

Si lo deportan, recuerde:

✓ **Tenga una tarjeta bancaria que funcione en su país.** Su amigo de confianza/familiar desde los Estado Unidos podría vender sus pertenencias y depositarle el dinero a su cuenta. Podrá tener acceso inmediato a su dinero a través de un cajero automático en su país.

✓ **Si es que estuvo trabajando, recolecte cualquier salario que no le han pagado.** Contacte a su empleador e informes le que un amigo ira por su cheque final. su empleador es requerido que le pague cualquier trabajo que haya hecho, aunque sea usted indocumentado.

✓ **Tiene usted derecho a cualquier reembolse de impuestos.** Los impuestos se manejan de diferente manera que inmigración en los Estados Unidos. SI usted estuvo viviendo en los Estados Unidos por varios años y estuvo pagando sus impuestos, aún tiene derecho a los reembolsos de impuestos. Pídale a su amigo de confianza que trabaje con un preparador de impuestos y que envíen sus impuestos. Hasta podrían enviarle su reembolso a su domicilio en su país de origen.

✓ **Tenga ya organizado un domicilio en su país antes de su deportación.** Si ya sabe que será deportado, es buena idea enviar un teléfono y dinero de ante mano.

ADVERTENCIA: Habrá ladrones esperando deportados desprevenidos en su país de origen. Un engaño común es que te dejaran utilizar su teléfono, para que te puedas comunicar con tus familiares. Después, los ladrones llamaran a sus familiares y les dirán que está detenido como rehén y demandaran dinero a cambio de liberarlo.

Por último, si lo deportan, ya sea voluntario o a la fuerza, a usted puede le pueden prohibir reentrar a los Estados Unidos de tres años a de por vida. Pero, si aún cree que tiene derecho de vivir en los Estados Unidos, por ejemplo, tuvo un mal abogado quien no lo represento bien; hay maneras de regresar a los Estados Unidos legalmente. En este caso, usted necesitara ayuda de un nuevo abogado. Nuestra sugerencia es que consulte con uno, para entender sus posibilidades.

PASO CUATRO:
Lea el Capítulo Siete y seleccione cuidadosamente
un Experto en Inmigración en quien pueda confiar
y lo ayude durante el proceso.

Capitulo Siete

¿Como encuentro un Experto en Inmigración en el que puedo confiar?

"la gente viene aquí sin dinero, pero no sin cultura. Nos traen regalos. Podemos sintetizar lo mejor de nuestras tradiciones con lo mejor de ellos. Podemos ensenar y aprender de ellos para producir un mejor Los Estados Unidos..." – Mary Piphe

----

Lo que usted aprenderá
- ✓ Representación Legal
    - o Abogados
    - o Proveedores de Inmigración autorizados
    - o Organizaciones de asistencia legal sin fines de lucro
    - o Notarias y todos los demás
- ✓ Seleccionando su Experto en Inmigración
- ✓ Cuotas y pagos
- ✓ Trabajando con un Experto en Inmigración
- ✓ Tratar con un abogado malo
- ✓ Comunicarse con su Experto en Inmigración

Palabras que debe saber:

Experto en Inmigración: Nosotros definimos Experto en Inmigración como personas que tienen la autoridad de proveerle asesoría legal en su caso de inmigración. Incluyen abogados y proveedores de inmigración autorizados

INTRODUCCIÓN

En todas nuestras conversaciones con gente indocumentada, las tres razones comunes por las que los inmigrantes no han intentado documentarse son:

- ✓ No entienden el sistema jurídico (legal)
- ✓ No creen que tengan cualquier opción para legalizarse
- ✓ Abogados los estafaran

Desafortunadamente, hay muchos abogados que son malos y Notarios que solo quieren su dinero. Aunque, si hay abogados buenos dedicados a la inmigración y a su causa. Le ayudaremos encontrar a un Experto en Inmigración en quien pueda confiar. Como las leyes de inmigración están continuamente cambiando, encontrar al Experto en Inmigración correcto que haga la investigación y que encuentre el mejor camino para usted es importante. Navegar a través del proceso de inmigración puede ser difícil y costoso, pero vale la pena.

El Experto en Inmigración: A nuestro conocimiento, solamente en las leyes de inmigración puede una persona que no sea abogado, representar a un cliente ante un tribunal y proveerle asesoría. A través de este libro, nosotros utilizamos el término "Experto en Inmigración" significa un abogado practicante, un estudiante de derecho, licenciado de derecho, persona de renombre, representante acreditado o una persona acreditada. Son personas con amplia experiencia en derecho migratorio.

Tenga cuidado; no todos los Expertos en Inmigración son iguales: Documentarse es mucho más que llenar las formas correctas y pagar dinero. Un buen experto en inmigración tiene años de experiencia. No elija a una persona por el precio.

Abogados
Los abogados van a la escuela de 7-8 años antes de graduarse con un título y luego tiene que aprobar el examen del Estado antes de poder empezar a practicar. Abogados practican muchas diferentes leyes. Un buen abogado en defensa penal puede no ser bueno en leyes de inmigración. Es importante que investigue y elija al correcto. Debe estar consiente que hay buenos abogados u otros que solo quieren su dinero. Por ejemplo, en el 2015, un abogado de inmigración en Boulder, Colorado fue a prisión por seis años por "estafar decenas de miles de dólares a familias inmigrantes."

También, si su caso incluye condenas criminales como un DUI (manejar bajo la influencia) o violencia doméstica, querrá encontrar un abogado que tenga experiencia en ambas leyes de inmigración y penal.

Proveedores de Inmigración Autorizados
Las oficinas de Inmigración crearon el Programa de Servicios por un Proveedor Autorizado. El Programa permite a las personas que no son abogados proveer asesoría legal, ayudarle a llenar formularios e incluso a representarle en corte. Ellos pueden hacer todo lo que un abogado puede hacer dentro de las leyes de inmigración. Un proveedor autorizado tiene que tener mínimo dos años de experiencia trabajando en inmigración y aprobado por el gobierno estadounidense por su conocimiento de la ley. Consultantes autorizados trabajan con un abogado o en una organización sin fines de lucro. No pueden operan un negocio por si solos. Aunque, como abogados, hay proveedores autorizados buenos y malos.

Organizaciones de asistencia migratoria sin fines de lucro
En los Estados Unidos hay organizaciones sin fines de lucro que le pueden ayudar con sus asuntos migratorios. Los puede

encontrar a través de su iglesia, hablando con sus amistades o por internet. Una de las más grandes es La Red de Inmigración Legal Católica. Organizaciones sin fines de lucro de asistencia legal usan abogados que están dispuestos a contribuir parte de su tiempo gratuitamente. Pueden ayudar en varias formas desde contestar sus preguntas, ayudarle a llenar los formularios hasta en aprender inglés. Solo pueden ayudarle si sus ingresos son bajo cierto nivel. La mayoría no tratan con casos de detención por que toman mucho tiempo. Generalmente conocen a los buenos de los malos y le pueden ayudar a encontrar un buen abogado. Le proporcionamos un enlace a un sitio web al final de este libro que podrá ayudarle encontrar una oficina de inmigración sin fines de lucro más cercano a usted.

Notarios y otros Asistentes en Inmigración
Un Notario puede asistirle en asuntos legales, y los mencionamos en este libro. Pero, ayudarle con sus formularios de inmigración no es uno de ellos. Un Notario es una persona con derecho a asistirle en sus necesidades menores, pero es ilegal que ellos le proporcionen cualquier asesoría. Y, ellos no pueden representarle en corte. Hay Notarios honestos, pero desafortunadamente muchos son deshonestos. Ver Capitulo Quince para aprender acerca de estafas notariales comunes. Aparte de los Notarios, algunas personas se hacen llamar "Consultores en Inmigración," "consultores en documentos" y "Especialistas en Inmigración." Debería pensarlo dos veces antes de utilizar uno de ellos.

Como contratar a un Experto en Inmigración
Tome su tiempo, y no elija a la primera persona que conozca. La mejor manera de encontrar a alguien es:
- ✓ Amistades y familiares que han tenido éxito con su caso
- ✓ Hablando con su ministro de la Iglesia
- ✓ Preguntar en una oficina de inmigración sin fines de lucro

Si es posible, haga una lista de 3-4 Expertos en Inmigración que haiga recaudado de personas que usted conoce. Después establezca reuniones. Estas "consultas" costaran de $0-150 dependiendo del experto. Debería enterarse si hay cuota por la consulta al tiempo de establecer la reunión. No sea atraído por alguien solo porque no tenga una cuota por la consulta. Estas consultas serán valiosas pues le pueden ayudar a determinar cuáles son sus posibilidades.

En esta primera consulta, pregunte:
- ✓ ¿Cuántos años llevan practicando en derecho de inmigración?
- ✓ ¿Aproximadamente cuantos casos de inmigración han tratado?
- ✓ ¿Cuántos casos como el suyo han tratado? (petición familiar vs Asilo, por ejemplo)
- ✓ ¿Si usted tiene condenas criminales, tienen también experiencia en derecho penal?

Un buen Experto en Inmigración ha practicado en ley de inmigración por más de dos años, y ha cerrado en más de 100 casos. También, pregunte si a tratado con casos de detención. Si está detenido, usted necesita saber que ellos están ahí por usted. Dele los detalles de su caso y pregunte si tienen experiencia en casos similares.

Pregunte cuales creen que son sus posibilidades. No confié en un abogado o representante que le diga que su caso no es un problema o que tiene "100% de posibilidades" de recibir su tarjeta verde (la mica o residencia). Si, tanto usted como el Experto en Inmigración se sienten cómodos con la relación, usted firmara un acuerdo de representación.

Cuotas y pagos
Mayoría de abogados cobran por hora. Típicamente un

Experto en Inmigración cobrara una cuota fija basado en los servicios y luego por hora para proyectos especiales.

Después de entender su caso en esa primera consulta, el Experto en Inmigración debería darle una idea de lo que él pueda hacer por usted y lo que su caso le costara. Eso es asumiendo que le proveo todos los detalles de su pasado. Mantenga en mente que en veces aprenden algo nuevo acerca de su caso durante el proceso que pueda impactar el costo.

También esperan que usted haga un pago por adelantado por su trabajo. Conforme el pago, todo Experto en Inmigración es distinto.
   ✓ Algunos requieren todo en efectivo por adelantado
   ✓ Algunos requieren un porcentaje y el balance antes de mandar su aplicación
   ✓ Algunos están bien con pagos de cuotas con un anticipo

Su dinero
Muchos estados requieren que su dinero sea depositado en una cuenta de fideicomiso especial bajo su nombre por seguridad. Su Experto en Inmigración no puede tocarlo a menos que haya completado el trabajo y enviado la factura al fideicomiso. Pero no todos los estados requieren cuentas de fideicomiso. Por ejemplo, Arizona no tiene ese requerimiento con la excepción de ciertos casos. Colorado requiere que todo el dinero sea depositado a una cuenta de fideicomiso. El contrato con su Experto de Inmigración debería indicar como guardan su dinero.

Mientras trabaja con su Experto en Inmigración y va dando instalaciones, pida un reporte del trabajo hecho y como fue su dinero aplicado. Si por alguna razón decide cambiar de abogado, o decide no seguir adelante con su aplicación, puede pedir cualquier dinero no utilizado y una copia de todos los documentos relacionados con su caso. Al menos que su contrato sea con un experto que específicamente indique lo contrario, usted está en su derecho de pedir cualquier porción de su dinero no usado. A ellos se les exige que le proporcionen todos los documentos relacionados con su caso. Solo deberían cobrarle una cuota pequeña para copiar los documentos.

Comunicándose con su Experto de Inmigración
Tendrá varias reuniones con su Experto en Inmigración y dependiendo de la complexidad de su caso; la relación podría durar años. El proceso migratorio es lento, por lo tanto es importante ser paciente. Cuando le pidan documentos, recáudelos y tráigalos lo más pronto posible. Recuerde acudir a todas las reuniones.

Cuando este trabajando con su experto de Inmigración, recuerde estos puntos:
- ✓ Llame a la oficina de su Experto por lo menos una vez al mes para comprobar cómo va su caso
- ✓ Informes le cada vez que se mude o cambie de domicilio y número telefónico
- ✓ Provéeles los documentos para su caso cando se los pidan lo más pronto posible
- ✓ Cuando establezca una reunión, asegúrese de acudir a ella
- ✓ Cuando tenga un tribunal, asegúrese de ir con su Experto
- ✓ Cuando se reúna con su Experto o la asistente, pregunte cuales son los siguientes pasos
- ✓ Mantenga sus pagos actualizados
- ✓ Pida copias de todos los documentos que fueron enviados a Inmigración

Es buena idea mantener un calendario pequeño con usted ada vez que se reúne o interactúa con su Experto en Inmigración.

Escriba lo que fue dicho en la reunión y mantenga una lista de las personas con quien hablo en la oficina.

Este Preparado con Documentos
El Sistema Jurídico de los Estados Unidos en parte se basa en evidencia para apoyar su caso. Evidencia son documentos que apoyen quien es usted, de donde vino, quizá pruebas de lo que le sucedió en su país de origen (por si por Asilo) y su estatus.

Es probable que le pidan:
- ✓ Su acta de nacimiento
- ✓ Actas de nacimiento de hijos
- ✓ Certificado de Matrimonio
- ✓ Su anterior domicilio en su país
- ✓ Para quien ha trabajado en los Estados Unidos, y por cuanto tiempo
- ✓ Cualquier identificación como un pasaporte o licencia de conducir
- ✓ Ingresos, impuestos que haya pagado en los Estados Unidos
- ✓ Si fue arrestado, copias de registros de la policía
- ✓ Copias de cualquier carta de parte de Inmigración
- ✓ Cualquier foto o artículo de noticias sobre su experiencia en su país de origen (Asilo)

Escuche cuidadosamente a su Experto en Inmigración y a lo que le pidan. Algunos documentos tendrán que ser traducidos al inglés y certificado. Si estuvo casado y divorciado en su país, o fue agarrado mientras conducía ebrio, dígaselo. Informes le cada detalle pues no quieren ser sorprendidos. Si hace eso el proceso irá suavemente.

Lidiando con un mal abogado
Esto solo aplica a abogados: usted le está pagando a un

abogado por un servicio. Si ellos no realizan ese servicio tal como no llegar a un tribunal o no envían su aplicación a tiempo lo cual resulta en un problema con su caso, usted puede poner queja y hacer que lo corrijan. Ningún abogado puede garantizar resultados, pero si deberían garantizar la calidad de su trabajo. Revise su reporte y haga preguntas acerca de que es lo que han hecho desde el mes pasado. Debe saber que abran muchos meses en los que no pasara nada mientras esperan repuesta de parte de Inmigración. Un abogado no debería cobrarle dos veces por el mismo servicio. Si le están cobrando más de lo originalmente estimado, pida que le expliquen.

De le a su abogado la oportunidad de arreglar cualquier error. Si no logran hacer el bien en su trabajo, ignoran sus llamadas, o le piden que page una cuota por una consulta referente a su factura, informes le que quizá tenga que someter una queja en contra de ellos.

Abogados no quieren una queja contra su nombre. Aparecerá en su registro y podría resultar en la pérdida de su licencia. Hay dos maneras de someter un reclamo contra un abogado malo. Primero requiere el uso de la internet. Todo estado tiene una Asociación de Abogados (Bar Association). Esta organización puede obligar a que un abogado malo le regrese su dinero si es que están de acuerdo con su argumento. Si usted siente que su abogado no le ha tratado justamente, llame a la oficina principal en Washington DC y pregunte por la Asociación del Estado más cercana a usted. La dirección es:

Commission on Immigration
The United States Bar Association
740 Fifteenth Street NW
Washington D.C. 20005

Teléfono: 202-662-1005
Email: immcenter@americanbar.org
Website: **www.americanbar.org/immigration**

Una vez que tenga un nuevo Experto en Inmigración, dígale su historia y su experiencia con el antiguo abogado. Si están de acuerdo en ayudarle, también podrían ayudarle a someter la queja contra el otro abogado de parte suya. Quién sabe y hasta podría recibir algún reembolso.

Puntos Importantes que debe recordar al contratar a un Experto de Inmigración
- ✓ No contrate a alguien que se reúse en darle un contrato por escrito
- ✓ No confié en alguien que "Garanticé" que recibirá usted su permiso de trabajo o tarjeta verde (Green Card)
- ✓ No confié en alguien que le pida mentir en un formulario

Una vez que contrate a su experto en inmigración:
- ✓ Pida un reporte mensual y revise lo que han hecho
- ✓ Si se muda, recuerde decirle a su Experto en Inmigración su nuevo domicilio
- ✓ Cuando se le pida, provee los documentos lo más pronto posible a su Experto en Inmigración

Capítulo Ocho

Hacer un plan de respaldo y estar preparado

"Tu enemigo no es el refugiado. Tu enemigo es el que lo convirtió en un refugiado "- Tariq Ramadan

----

Lo que va a aprender:
- ✓ Ser organizado, mantener todos sus documentos en un solo lugar
- ✓ Asegurarse de tener un experto en inmigración disponible
- ✓ Crear un poder legal
- ✓ Establecer una cuenta bancaria para emergencias
- ✓ Establecer reuniones familiares para estar preparado

Introducción

Una de las experiencias más dolorosas que puede encontrar es si llega a casa, y descubre que un miembro de su familia ha sido detenido en una redada y está en camino a la deportación. Esperamos que no le suceda a usted, pero si esto le sucede, la mejor manera de lidiar con esto es tener un plan. Este capítulo lo ayudará a saber qué hacer ahora y cómo prepararse si algo le sucede a un miembro de la familia.

Cuando no está uno preparado, si ambos padres son recogidos por agentes de ICE (inmigración), es posible que los niños terminen bajo la custodia del estado y entregados a padres de crianza temporal. Puede ser muy difícil recuperarlos.

Organiza tu vida para que estés preparado para lo que pase.

Una queja que a menudo escuchamos es que la gente no guarda sus documentos. Para documentarse, es necesario que presente documentos para comprobar su pasado.

1) **Guarde todos sus documentos en un solo lugar**: su primer paso es comprar una caja, maletín o   cualquier cosa que pueda usar para guardar y asegurar sus documentos en un solo lugar. Guardará todos sus documentos personales, legales y financieros en la caja. Sus documentos son necesarios cuando se documenta. Asegúrese de guardar su caja en un lugar seguro. ICE no tiene autoridad de tocar ningún artículo personal, incluidos sus documentos.
Su caja debe incluir:
a) Una lista de nombres y números de teléfono de sus familiares y amigos para comunicarse si ocurre algo. Eso incluye el nombre y la información de contacto de su Experto en Inmigración;

b) Una lista del número "A" de todos, si tienen uno
c) Actas de nacimiento de todos (originales y copias)
d) Los pasaportes de todos, nunca debe tenerlos en usted
e) Tarjetas de Seguro Social si es que sus hijos nacieron en los Estados Unidos
f) Recibos o documentos con su nombre y fecha que prueban cuánto tiempo hace que vive en los Estados Unidos
g) Los talones de los cheques de todos los trabajos actuales y pasados junto con los nombres de las compañías para las que ha trabajado mientras estuvo en los Estados Unidos
h) Copias de cualquier acuerdo de arrendamiento de vivienda actual y anterior y direcciones anteriores donde haya vivido
i) Todas las tarjetas de identificación, excepto las que necesita diariamente, como licencias de conducir y tarjetas de seguro para automóviles
j) Si está trabajando con un Experto en Inmigración, copias de todos los documentos enviados a la oficina de inmigración y cartas enviadas por inmigración
k) Si pagó impuestos, copias de cualquier declaración de impuestos independientemente de si utilizó un número falso de Seguro Social o ITIN

Hemos encontrado que pocas personas mantienen un registro de documentos. Este es un gran error. Es importante guardar sus documentos para que su experto en inmigración le ayude a construir un caso

No necesita mantener recibos de todos los días, como los de la tienda de comestibles. Una regla segura sería mantener todo con tu nombre.

2) **Tener un experto en inmigración disponible**. Otro error es no tener un Experto en Inmigración cuando lo necesite. Si está detenido, es importante que tenga a alguien a quien llamar. Es difícil encontrar uno cuando se está detenido. Incluso si no puede documentarse ahora, aún debe tener uno o dos Expertos de Inmigración a los que pueda llamar. También recuerde que no puede usar un notario para esto, ya que no pueden representarlo ante un tribunal. Asegúrese de que el Experto en Inmigración maneje los casos de detención. También querrá memorizar su número de teléfono.

3) **Crea un Poder Notarial** (Legal). Si es detenido, un Poder Notarial es un documento que otorga los derechos temporales de sus hijos y activos a una persona de confianza. Sin un Poder Notarial, cualquier hijo nacido en Estados Unidos de padres que sean deportados podría ser tomado por el gobierno y colocado en un hogar de crianza con extraños. Además, podría perder cualquier pertenencia que posee como vehículos, su casa u otros bienes.

Hay dos tipos de acuerdos de poder notarial.

✓ Un acuerdo **"general"** abarca todo lo que posee y sus hijos;

✓ Un poder notarial **"separado"** es cuando una persona puede ocuparse de sus pertenencias personales y otra de sus hijos.

Esta persona debe ser alguien con una tarjeta verde o un ciudadano de los Estados Unidos. Pueden ser parientes o amigos de la familia en quienes confíe para que cuiden tus pertenencias personales si eres detenido o deportado. Su Experto en Inmigración o incluso un Notario pueden ayudarle a completar el acuerdo.

- ✓ **Niños:** querrá enumerar sus nombres completos, fecha de nacimiento y quizás los números de seguridad social
- ✓ **Pertenencias personales:** deseará enumerar los números de cuenta bancaria, los vehículos con el número de identificación del vehículo (VIN), la dirección de la casa o la ubicación de sus bienes.

Una historia verdadera: agentes federales de inmigración recogieron a una madre joven, que vivía sin documentos en los Estados Unidos. Estuvo detenida durante aproximadamente un mes, separada de su hijo de 7 años y su hija infante que nacieron en los Estados Unidos. La inmigración la llevó al aeropuerto donde esperaba encontrarse con sus hijos para el vuelo a Guatemala, pero no estaban allí. "No esta Angie, ni Daniel," recuerda el oficial le dijo: "tus hijos se quedarán en los Estados Unidos con el estado. Tus hijos no irán a Guatemala". Embarcada en el avión que la llevaría a miles de kilómetros de ellos, Luisa dijo: "Quería suicidarme. Quería morir". Una Poder Notarial (Legal) que da custodia temporal a alguien de su confianza lo habría detenido.

Atención: un poder notarial solo es bueno para el estado en que lo creó. Si se mudara de Texas a Colorado, por ejemplo, tendría que crear un nuevo acuerdo.

4) **Establecer una cuenta bancaria con fondos de emergencia.** Si es deportado, tendrá poco o nada de dinero para llevarse al tiempo de ser deportado. No es poco común que le roben cuando llegue a su país de origen. Es una buena idea mantener algo de dinero en una cuenta bancaria de la cual pueda retirar dinero donde quiera que esté. Los amigos en los Estados Unidos también pueden depositar dinero para que pueda retirarlo en su país de origen en cualquier cajero

automático. Es mucho más fácil tener una tarjeta bancaria que una transferencia de Western Union.

5) **Contactar al trabajo de la persona detenida.** Si la persona detenida es liberada en los próximos días, informe al empleador del detenido para que pueda mantener su puesto de trabajo. Si no cree que serán liberados, pídales su último pago.

6) **Reunión familiar y de amigos de confianza:** una vez al año más o menos, la familia debe analizar todos los puntos que se encuentran en la primera sección de este libro. Todos deben recordar dónde está la caja de la familia, la información de contacto de su Experto en Inmigración y cómo acceder al dinero.

7) **Dirección en su país de origen:** si es deportado, debe tener cuidado ya que hay ladrones esperando por usted. No use ningún teléfono extraño en su país de origen, ya que es parte de una estafa para extorsionar a la persona que llamó. Para protegerse, haga que su familia envíe por correo un teléfono, dinero y necesidades personales a una dirección en la que confíe en su país de origen a través de un servicio de mensajería como Federal Express.

Solo las personas documentadas deben visitar a las personas detenidas. Si no está documentado o no está seguro de su estado legal en los Estados Unidos, no vaya. ICE puede detenerlo si va y miente sobre su estado legal. Lo mejor es llamar a su Experto en Inmigración para lograr que esa persona sea liberada.

Conclusión: Puntos para recordar

- ✓ Compre una caja de archivo y guarde todos los documentos en él
- ✓ Desarrolle una lista de contactos, para que sepa a quién llamar si sucede algo
- ✓ Encuentre al menos un Experto en Inmigración al que pueda llamar cuando los necesite
- ✓ Crear una carta poder para sus hijos y sus pertenencias
- ✓ Póngase en contacto con el trabajo de las personas detenidas y solicite su último cheque de pago si cree que no serán liberadas
- ✓ Tener reuniones familiares regulares, para que todos estén preparados
- ✓ Memorice su número A (si tiene uno)
- ✓ Memorice el número de teléfono de su experto en inmigración
- ✓ Memorice el número de teléfono de alguien que pueda ayudarle si está detenido

Capítulo Nuevo

Cómo evitar ser detenido por ICE

"Siempre he argumentado que este país se ha beneficiado enormemente del hecho de que atraemos a personas de todo el mundo". Alan Greenspan

----

Lo que usted va a aprender:
- ✓ Cómo conducir en público sin que sea notado
- ✓ Cómo caminar en público y evitar la inmigración
- ✓ Tenga cuidado al usar el transporte público
- ✓ Cómo no ser víctima de una redada de Inmigración en una casa de amigos
- ✓ Conocer a las personas con las que te asocias, incluyendo amigos cercanos y familiares
- ✓ Tenga cuidado con lo que hace y dice en las redes sociales (como Facebook)
- ✓ ¿Quién es ICE y cómo operan?
- ✓ ¿Cuáles son los trucos que juegan para arrestarle

Palabras para saber:

ICE: Aplicación de Aduanas de Inmigración. Parte de la Seguridad Nacional del Gobierno de los Estados Unidos. Su trabajo, en parte, es investigar y arrestar a personas indocumentadas conocidas.

CBP: Aduanas y Patrulla Fronteriza. Además, parte de la seguridad de la Patria. El trabajo de CBP es evitar que personas indocumentadas, contrabandistas y otras personas ingresen a los Estados Unidos.

Una historia verdadera: Díaz López se dirigía a un proyecto de fontanería cuando vio las luces de un automóvil policial detrás de él. Él se detuvo. La policía se acercó a su ventana y dijo que detuvo su automóvil porque el pasajero con el que viajaba Díaz no llevaba puesto el cinturón de seguridad. Diaz no tenía una licencia de conducir. En Georgia, una persona puede ser arrestada y llevada a la cárcel por conducir sin licencia. Diaz fue encontrado indocumentado. Unas horas más tarde, ICE llegó a la estación de policía para llevar a Díaz al centro de detención para una posible deportación. Aunque Díaz había vivido en Estados Unidos durante once años, es probable que una violación del cinturón de seguridad lo envíe de vuelta a su país de origen.

Introducción

Los expertos en inmigración estiman que tomaría más de 30 años deportar a los 11 millones de personas indocumentadas que viven aquí en los Estados Unidos. Este capítulo le ayuda a minimizar las posibilidades de que ICE lo atrape y lo detenga al enseñarle muchos de los trucos que ICE utiliza.

Conducir en público sin ser notado

En la mayor parte de los Estados Unidos, es necesario tener un automóvil. Sin embargo, en cada estado, el automóvil debe tener etiquetas de registro actualizadas, seguro automotriz y el conductor debe tener una licencia válida.

Cuando conduzca, no le dé a la policía un motivo para detenerlo. Mientras es ilegal que la policía lo detenga debido al color de su piel, es legal detenerlo debido a la rotura del parabrisas o porque el pasajero no use el cinturón de seguridad. Si no tiene una licencia de conducir válida, pueden confiscar su automóvil y, lo que es peor, arrestarlo.

Inmigración está utilizando un nuevo dispositivo llamado

reconocimiento de matrícula. Discutimos este y otros trucos que ICE utiliza en este capítulo. Puede "ver" automáticamente la matrícula frente a ellos e identificar quién conduce el automóvil. Puede agregar su placa a una base de datos.

Si inmigración sabe que usted está aquí y tiene una orden de deportación, no es raro que lo sigan mientras buscan la oportunidad de arrestarlo. Es posible que acabe de dejar a su hijo en la escuela. No le arrestarán delante de sus hijos, pero le seguirán hasta que encuentren el lugar correcto. Tenga en cuenta quién está detrás de usted al conducir. Si un vehículo toma los mismos giros que usted, conduzca a una zona segura como una iglesia o escuela y espere a que se vayan. Después de eso, llame a su experto en inmigración de inmediato.

Estos son algunos consejos para conducir:
- ✓ Mantenga su vehículo lo más original posible. Hacer cambios personalizados atrae a todos, incluida la atención de la policía
- ✓ Mantenga su licencia, registro y seguro actualizados. No le dé a la policía ningún motivo para hacer preguntas adicionales si lo detienen
- ✓ De vez en cuando, antes de conducir, revise su automóvil para detectar cualquier cosa que la policía pueda usar para detenerlo. Los ejemplos incluyen parabrisas agrietado o cualquiera de las luces que no funcionan
- ✓ Si vive dentro de las 100 millas de la frontera, tenga en cuenta las inspecciones al azar y permanentes de la patrulla fronteriza
- ✓ Siga las leyes locales de manejo en detalle. Si no conoce las reglas, localice la oficina local del Departamento de Vehículos Motorizados. Lo más probable es que tengan un libro de instrucciones en su idioma de forma gratuita

✓ Si recibe una infracción de manejo o estacionamiento, pague lo más pronto posible

También recuerde, no lleve ningún documento falso con usted. No le dé a la policía un documento falso y no le mienta diciendo que es ciudadano de los Estados Unidos.

También puede considerar teñir sus ventanas. Mientras es ilegal detenerse debido al color de su piel, algunos policías aún lo hacen, y es más común en las áreas donde la policía tiene un acuerdo con ICE. Ventanas polarizadas reducirán sus posibilidades de ser notado.

Si alguna vez tiene en un accidente, intente resolverlo con la otra persona y sin policía. Si alguien llama a la policía, no levante sospechas y tenga todos sus documentos en orden. Tenga en cuenta las leyes estatales; mientras que muchos estados no requieren que informe un accidente, muchos otros lo hacen. Sin embargo, si se trata de una lesión, cada estado requiere que usted lo reporte. Además, no se aleje de un accidente, si lo detienen a usted, los cargos serian serios, y casi garantizará su deportación.

Caminando en público y evitando la inmigración
Caminar en público es seguro si usted no llama la atención. Asegúrese de obedecer todas las leyes y no hacer nada que llame la atención. Y tenga en cuenta quién está a su alrededor. A menos que necesite su identificación, déjela en casa. **Ninguna ley exige que cargue una identificación cuando camina en público.**

Es contra la ley que alguien le pregunte sobre su estado migratorio. Si la policía se acerca y le pregunta su estado, ignore la pregunta y pregunte si está quebrantado alguna ley. Si siguen preguntando, repita la pregunta, pero no responda. No tiene que responder la pregunta sobre su estado de ciudadanía a menos que esté en una frontera o frente a un juez. Finalmente, tendrá que darse por vencido. Si lo arrestan por alguna razón, no hable con ellos, al menos que sea para decirle que le gustaría hablar con su abogado. Sin embargo, asegúrese de cooperar y no resistirse.

Estos son algunos consejos para caminar:
- ✓ Siga todas las leyes, como cruzar la calle en un cruce peatonal y no haga nada que llame su atención;
- ✓ No hagas nada que te llame la atención.
- ✓ No lleve ningún tipo de identificación consigo a menos que lo necesite;
- ✓ Permanezca en áreas públicas, como tiendas y negocios. En algunos vecindarios, caminar puede despertar sospechas y hacer que alguien llame a la policía.

Usando el transporte público
Nuevamente, cada vez que está en público, se está arriesgando. Hay muchas formas de transporte público en los Estados Unidos. En general, es seguro viajar en transporte público si tiene una identificación válida y no se encuentra dentro de las 100 millas de cualquier frontera de los Estados Unidos.

- ✓ **Autobuses urbanos, subterráneos y taxis**: no se conocen informes de que la inmigración busque autobuses urbanos, subterráneos o taxis, pero tenga cuidado, especialmente si se encuentra cerca de la frontera de los Estados Unidos. No necesita una identificación para viajar, por lo tanto, si se lo piden, no responda.

- ✓ **Líneas aéreas:** si está volando a algún lugar de los Estados Unidos y tiene una identificación válida, como un pasaporte de su país de origen o una licencia de conducir de los Estados Unidos, no le preguntarán sobre su estado migratorio para vuelos domésticos. No conocemos ninguna base de datos entre las aerolíneas e inmigración. En el aeropuerto, los inspectores de la TSA solicitarán una identificación válida del gobierno, como una licencia de conducir o pasaporte actual, pero solo para compararla con el nombre en el boleto. No puede volar fuera del país mientras está indocumentado o en procedimientos. Si está en un proceso, debe presentar un documento de viaje I-131 antes de viajar al extranjero. Sin embargo, Trump ha eliminado la posibilidad de viajes internacionales para los beneficiarios de DACA.

✓ **Autobuses o trenes:** tomar un autobús (Greyhound) o un tren es riesgoso si se encuentra a menos de 100 millas de la frontera de los Estados Unidos, si es así, existe una buena posibilidad de que la patrulla fronteriza aborde el autobús o el tren y solicite documentos. Internet tiene numerosos videos de oficiales de la patrulla fronteriza en trenes y autobuses que le preguntan a la gente sobre su ciudadanía. Viajar dentro los Estados Unidos en tren o autobús es seguro si se encuentra a más de 100 millas de la frontera.

En el trabajo
Con el presidente Obama, los oficiales ignoraban los lugares de trabajo y se concentraban en los delincuentes. Sin embargo, bajo Trump, persiguen a todos, incluyendo a los empleadores que contratan a personas indocumentadas. Por ejemplo, en enero de 2018, ICE allanó más de 100 tiendas de conveniencia en un solo día en todo el país. Mientras está en el trabajo, debe conocer todas las formas en que puede irse si ICE entra por la puerta. Cuando ICE lleva a cabo una redada, es porque tienen motivos para creer que el empleador contrata a personas

indocumentadas o a una persona que han estado buscando trabaja en el mismo lugar que usted. ICE no realiza redadas al azar en negocios. Si tiene otra opción, trabaje en lugares con la menor cantidad de personas indocumentadas para reducir las posibilidades de redadas de ICE.

Aquí hay algunos consejos para cuando usted está en el trabajo:
  ✓ No lleve ninguna identificación especialmente si son falsas
  ✓ Si está en un procedimiento legal y tiene alguna carta de USCIS que demuestre eso, debe conservar una identificación válida y una copia de la carta con usted.
  ✓ En caso de una redada de ICE, tenga en cuenta todas las formas posibles de salir del edificio
  ✓ Si lo arrestan en una redada, no diga, firme ni admita nada. Solo solicite que pueda llamar a su Experto en Inmigración y recuerde cooperar con los agentes de ICE

En casa
ICE a menudo lleva a cabo redadas temprano en la mañana en las casas cuando las personas se van a trabajar. Nuevamente, estos no son al azar. Solo se dirigen a las casas si tienen confianza de que la persona que están buscando vive allí. Discutiremos esto más adelante, pero si usted sabe que nadie en su hogar tiene una orden de inmigración, es poco probable que se dirijan a su casa. Siempre esté atento a lo que le rodea. Conozca su vecindario y qué automóviles pertenecen a las personas que viven en el área. ICE a menudo usa de 2 a 3 camionetas (SUV's) sin marcar con ventanas tintadas oscuras, y la mayoría de las redadas de ICE incluyen de 4 a 6 oficiales.

Si un desconocido le consulta acerca de personas en su casa, no diga nada. Puede decir "déjame ver". Cuando vuelve a entrar a la casa, no los dejes entrar, vaya se adentró y cierre la puerta con llave. A menos que tengan una orden real firmada

por un juez, no tienen derecho a ingresar a su casa a menos
que usted otorgue el permiso. Mientras estés en casa,
mantenga las puertas cerradas. A menos que ICE tenga una
orden judicial firmada por un juez, no tienen derecho a
ingresar a su casa. Sin embargo, lo harán si deja la puerta
abierta. Incluso pueden poner su pie en la puerta para tratar
de mantenerlo abierto. Diles que no les permites entrar a la
casa y quitarles el pie.

Con el tiempo, se irán.
- ✓ Estos son algunos consejos para cuando estés en casa:
- ✓ Recuerde mantener sus puertas cerradas;
- ✓ No abra la puerta a menos que sepa quién está del otro
  lado;
- ✓ Considere instalar una mirilla en la puerta, para saber
  quién está del otro lado antes de abrirla;
- ✓ Considere instalar cadenas de puertas así que si abre la
  puerta ICE no puede abrirse paso;
- ✓ Si un extraño llama a su puerta y le pide información
  sobre alguien que conoce, dígales que no sabe nada
  acerca de las personas en el vecindario. Luego cierre la
  puerta.

Ha habido informes de agentes de ICE que derribaron las
puertas de las personas. A menos que tengan una orden
válida firmada por un juez, esto es ilegal. Usa su teléfono y
comienza a registrar el incidente. No pueden tocar nada en la
casa, incluido su teléfono. Su hogar debe ser un lugar seguro,
y puede serlo si sigue nuestras sugerencias y está atento a lo
que le rodea.

Verdadera historia sobre pandillas (GANGS): en Nueva York, una niña mayor de la escuela secundaria indocumentada caminaba por el estacionamiento de la escuela, y en el momento que llegó a un lugar donde otros de su escuela no podían verla, ICE salió de sus autos y la detuvo. Su cargo, asociación con pandilleros de MS-13. La evidencia, alguien la observó sentada en su escuela secundaria con otros miembros confirmados de MS-13 ". Las autoridades escolares también encontraron una pequeña cantidad de marihuana en su casillero. El juez del caso retiró el cargo, pero no después de pasar un mes fue detenida.

Conoce a las personas con las que te asocias
Otro joven estudiante fue suspendido de la escuela y detenido porque escribió los números 503 (el código de país de El Salvador) en un cuaderno

No es ilegal ser miembro de una pandilla. Sin embargo, en los EE. UU. de Trump, este es un posible boleto a la deportación, independientemente de su estado legal. Si ICE lo ha conectado con una pandilla, es un recuento importante en contra de su capacidad para documentarse. Incluso una imagen de usted saliendo de la casa de un presunto miembro de una pandilla puede ser una razón para una deportación. No permita que alguien publique su foto con un miembro asociado de una pandilla en Facebook u otro sitio de redes sociales.

Amigos y familia: No solo debe preocuparse por las pandillas. Los amigos y la familia también pueden crear amenazas inesperadas. Sin embargo, puedes aprender sobre el riesgo. Debe estar al tanto de cualquier persona posiblemente asociada con un crimen o incluso una fecha de corte perdida.

Existe un término que el ICE utiliza llamado "**arrestos colaterales**". Aproximadamente el 40% de las personas indocumentadas arrestadas en 2017 no eran el objetivo original. ICE ingresa a un hogar o negocio para arrestar a su amigo o pariente a causa de una orden judicial, y usted está allí. También le pedirán sus documentos. Si no puede probar que está legalmente en los Estados Unidos, usted también será arrestado. Es importante que hable con sus amigos antes de pasar tiempo en su casa. Solo debe visitar / quedarse con amigos que no tengan una orden de arresto. Está bien con le visitan a usted en su casa.

¿Cómo saber si inmigración lo está buscando a usted, a un amigo o a un miembro de su familia? Si alguna vez ALGUNA persona fue detenida y liberada por Inmigración, tiene un Número A. Si ignoraron las audiencias o citas en el tribunal, es probable que tengan una orden de deportación e ICE los esté buscando. Pero para estar seguro, llame al: 1-800-898-7180 y siga las instrucciones, ingrese el número A para saber con certeza. No se preocupe, no pueden rastrear la llamada a su

Medios de comunicación social
Era junio de 2017, José, un beneficiario de DACA, estaba trabajando con su abogado para obtener su cambio de estatus a través de una petición familiar. Aproximadamente a la mitad del proceso, recibió un aviso de que inmigración suspendió su solicitud. ¿La razón? Durante la verificación de antecedentes, los oficiales de inmigración llevaron a cabo una rutinaria revisión de su página de Facebook y descubrió que José había publicado algunas fotos de una fiesta a la que asistió hace varias semanas. Eran imágenes de sí mismo con otras personas, algunas de las cuales no conocía.

La lección es, y esto vale para todo lo que diga en cualquier sitio de redes sociales, tenga cuidado con lo que publica.
   ✓ No publique fotos suyas asociadas con una pandilla;

- ✓ No publique fotos de usted haciendo símbolos de pandillas, incluso si es por diversión;

- ✓ No publique ninguna imagen de sus amigos haciendo símbolos de pandillas;
- ✓ No publique nada que pueda ser ilegal y tenga un impacto negativo en su aplicación;
- ✓ No escriba sobre nada que pueda causar un problema con su documentación de inmigración.
- ✓ Si no está documentado e inmigración emitió una orden de deportación, elimine su cuenta o al menos cambie su nombre para que no pueda ser buscada.

Verdadera historia: era junio de 2017, y José, un destinatario de DACA, estaba trabajando con su abogado para obtener su cambio de estado a través de una Petición familiar. Aproximadamente a la mitad del proceso, recibió un aviso de que los Servicios de Inmigración habían suspendido su solicitud. ¿La razón? Durante la verificación de antecedentes, los oficiales de inmigración realizaron una revisión de rutina de su página de Facebook y encontraron algunas fotografías que José publicó de una fiesta a la que asistió. Las fotografías incluían algunas personas al azar que él no conocía. Desafortunadamente, dos de las personas fueron pandilleros confirmados. Esta publicación podría hacer que pierda la oportunidad de documentarse. En el gobierno de Trump, la culpabilidad por asociación es suficiente para meterlo en problemas.

Desafortunadamente, dos de las personas eran conocidos miembros de pandillas. Debido a esta publicación, puede perder la oportunidad de documentarse. En el gobierno de Trump, la culpabilidad por asociación es suficiente para meterlo en problemas.

ICE: Cómo lo encuentran a usted

Como mencionamos anteriormente, ICE rara vez realiza redadas al azar. Usan un proceso llamado identificar-investigar-arrestar. A menos que le atrapen en una redada que apuntaba a otra persona, o que la policía le arreste y le entregue, la única forma en que ICE le arrestará es identificando a usted, dónde vive y apuntando a Ud. aquí esta cómo lo hacen:

IDENTIFICAR: Identificarlo en la base de datos de personas indocumentadas conocidas. Hay millones de personas viviendo en los Estados Unidos en esta base de datos. No se sabe cómo identifican personas específicas sobre otras. Se supone que van por los más fáciles de localizar.

INVESTIGACIÓN Y LOCALIZACIÓN: ICE tiene miles de agentes en todo el país cuyo trabajo es solo buscar y localizar personas indocumentadas. Usan una variedad de tácticas para hacer eso. Encontrar gente hoy es muy diferente de hace solo diez años. Hoy en día, gran parte de esto es con computadoras en lugar de escabullirse a través de los vecindarios. La gente deja "rastros digitales" que ICE usa para localizarlos. Un rastro digital es cuando hace cualquier tipo de transacción electrónica usando su nombre.

Ejemplos de rutas digitales conocidas que ICE utiliza:
- ✓ Ud. utiliza Western Union para enviar dinero a un familiar en su país de origen
- ✓ Ud. recibe una multa de tránsito y la policía local pone su información en la base de datos local
- ✓ La policía lo arresta por violencia doméstica o cualquier delito menor
- ✓ Ud. registra su automóvil en ciertos estados que tienen acuerdos con ICE
- ✓ Ud. tiene un Facebook u otro sitio de redes sociales en su nombre

✓ ICE tiene una relación con algunos hoteles que entregan sus listas de registro nocturno

✓ Ud. utiliza un teléfono celular a su nombre que puede rastrearse usando las torres de teléfonos celulares

✓ ICE rastrea los tribunales de todo el país e identifica a las personas que han sido acusadas de delitos

Los investigadores de ICE usan una base de datos llamada "Palantir" para combinar toda la información conocida sobre usted. La base de datos les dará un mapa de dónde trabaja, vive y viaja todos los días. De esto, pueden planear su arresto.

ARRESTAR Y DETENER: Por lo general, en la mañana, un equipo de 4-6 o más agentes de ICE llegará y utilizará diversas tácticas para obtener acceso a su hogar e intentar arrestarlo y detenerlo. El expresidente Obama ordenó a ICE que persiga a los peores criminales y priorice a las personas. Bajo Trump, ha ordenado ir atrás de todos. No se sabe exactamente cómo determinan quién llega a la parte superior de la lista. Una suposición es que buscan el más fácil de localizar y detener.

ICE no realiza redadas al azar en individuos o vecindarios. No caminan por las calles pidiendo pruebas a las personas si están en el país legalmente. Cada redada de ICE ocurre porque tienen una orden para arrestar a una persona indocumentada. Pero, arrestarán a todos en la redada que no pueden probar que están en el país legalmente.

Los trucos de ICE:
ICE no revelará todos los trucos que usan para arrestar a las personas. A continuación, se muestra una consolidación de los trucos que encontramos de diversas fuentes. Algunas personas de ICE ven el atraparle como un juego. Jugarán trucos para engañarlo para que usted se entregue.

No te dejes engañar por estos trucos:

✓ **Texto de amigo o familiar:** los agentes de ICE que lo están buscando irán a su casa. No está en casa, pero algunos de sus parientes sí lo están. Fingiendo ser su pariente, toman su teléfono celular y le envían un mensaje de texto. Sugieren encontrarse con Ud. en algún lugar. Usted recibe el mensaje de texto. Al no darse cuenta de que proviene de un agente de ICE, va al lugar solo para encontrar agentes esperando;

✓ **Trucos de texto y teléfono:** si tienen su número de teléfono, el agente de ICE lo llamará, se identificará y solicitará información, como dónde nació y cuál es su estado migratorio. El agente de ICE dirá que Trump está considerando cambiar los procedimientos de inmigración y sugirió que debe entregarse temprano. Debe ignorar estas llamadas. Si recibe llamadas de personas que no conoce, son una estafa, o un agente de ICE que intenta engañarlo;

Fingir ser la policía local :

a) Un truco común es que el ICE vaya a su puerta y grite "policía" para que abra la puerta. Ud. podría pensar que algo está sucediendo en el vecindario, pero, de hecho, es ICE el que intenta hacerle abrir la puerta. Abra la puerta con una o dos cadenas de seguridad que pueden evitar que ICE la abra más. A menos que tengan una orden firmado por un juez con su nombre y dirección, no tienen derecho a ingresar a su hogar. Si es ICE, cierre la puerta e ignórelos. Tan pronto como sea posible, llame a su Experto en Inmigración;

b) El agente de ICE se acerca a la puerta de su casa. Sin embargo, cubrieron las palabras "ICE" en su ropa, por lo que todo lo que quedó expuesto es la palabra "policía". Preguntan sobre un posible automóvil robado y necesitan pruebas de quién es el dueño del vehículo en el camino de entrada. Sales para demostrar que eres el dueño. Entonces el agente de ICE se revela y te arresta. Antes de abrir la puerta, pregúnteles si son policías locales o ICE. Por ley, deben responder. Lo mejor es ignorarlos cuando llaman a tu puerta;

c) ICE, pretendiendo ser la policía local, toca a su puerta y le pide mirar la fotografía de un sospechoso criminal. Usan el nombre de la persona que buscan, pero una fotografía de otra persona. La persona en la casa corrige automáticamente el "error". El agente de ICE pide ver a la persona para corregir el "error". Cuando ven a la persona que están buscando, lo arrestan. No te dejes engañar;

d) La policía le llama y le informa que puede ser víctima de un robo de identidad y puede pedir que se reúnan. O pueden describir su vehículo indicando que alguien afirmó que su coche estuvo involucrado en un accidente y que deben pasar e inspeccionarlo. Llegan a su hogar, confirman que es usted y hacen un arresto. No deberías estar disponible. Deje que alguien legalmente en el país hable con los oficiales;

✓ **Moteles:** ICE ha estado trabajando con moteles en Arizona, Washington y probablemente otros estados para obtener sus listas de registro. Luego, comparan su base de datos con las listas. Si encuentran una coincidencia, envían agentes de ICE al hotel para arrestarlo. Si se queda en un motel, pague solo en efectivo y cambie algunas letras a su nombre para que no se detecte en las bases de datos de ICE;

✓ **Cárcel:** parte del programa 287 (g); ICE trabaja con la policía local y les pide que comparen los nombres de las personas sospechosas de estar indocumentadas con las bases de datos de ICE. Si la policía lo arresta y coloca su información en su base de datos, usted está en camino a la detención;

✓ **Corte:** las audiencias judiciales son de dominio público. Si acude al tribunal por algún motivo, ICE puede comparar su nombre con su base de datos. Si encuentran una coincidencia, enviarán agentes a la corte para que lo recojan. Usualmente están vestidos con ropa de civil y te esperan en el pasillo;

✓ **Matrículas con cámaras:** ahora inmigración tiene acceso a miles de millones de imágenes de matrículas que son capturadas por miles de cámaras en todo el país. Cuando encuentran una coincidencia, saben dónde vives. Desde allí usarán otras técnicas para encontrarte. La mayoría de estos registros son antiguos. Comprar nuevas matrículas con un número diferente sería inteligente;

✓ **Facebook u otras redes sociales:** uno de los trucos más nuevos es encontrarte en cualquiera de los sitios de redes sociales que incluyen Facebook. Twitter, Tumblr, Instagram, Weibo, Reddit, Flickr, LinkedIn, YouTube, Pinterest, Meetup, Sonico y MiGente. ICE rastrea estos y muchos otros sitios, y usan programas para comparar a las personas que buscan con las personas en estos sitios. Usan software de reconocimiento facial para comparar las imágenes que tienen con los rostros en estos sitios para identificar dónde viven las personas y cómo encontrarlas. Lo más seguro es no estar en estos sitios. Pero si debe hacerlo, use un nombre ligeramente diferente y minimice el uso de su foto;

Si ingresó a los Estados Unidos y recibió un "Número A" en cualquier momento y no realizó el seguimiento de las audiencias de la corte o una reunión requerida con inmigración, es probable que esté en la lista de ICE. Llame al: 1-800-898-7180 y averigüe si tiene una orden de deportación u obtenga la información más reciente sobre su caso en la corte.

El secreto para evitar ICE es ir "off-grid". Esto significa que debe minimizar su rastro digital. Si sabe que hay una orden de deportación en su contra, querrá cambiar la forma en que vive y trabaja.

Aquí hay algunos consejos sobre cómo evitar el ICE:
- ✓ Encuentre un nuevo lugar para vivir sin su nombre en el contrato. No tenga el correo enviado al nuevo hogar. No debe haber ningún registro público de que usted viva allí.
- ✓ No use tarjetas de crédito. Pague en efectivo por todo lo que hace. No haga ninguna transacción electrónica usando su nombre.
- ✓ Asegúrese de que su automóvil no esté a su nombre o de que haya reemplazado su matrícula en los últimos tres años.
- ✓ Si está en redes sociales como Facebook, cancele su cuenta o use un nombre diferente.

  Remember

- ✓ Si alguien te envía un mensaje de texto que parece un poco extraño, llámalo. Si no responde, envía un mensaje de texto diciendo que no estás disponible ahora.
- ✓ Conoce los trucos que ICE juega y no dejes que te engañen

✓ Si tiene familiares que están documentados, ponga todo a su nombre.

Consejos finales para recordar: al caminar, conducir, trabajar, relacionarse con otras personas o incluso en su hogar, debe recordar:

✓ Tenga en cuenta quién está cerca y cualquier cosa que sea inusual;

✓ No haga cambios en su automóvil que puedan llamar la atención;

✓ Considere teñir sus ventanas;

✓ Tenga en cuenta si alguien lo está siguiendo a pie o en un automóvil;

✓ No lleve consigo identificaciones falsas y solo lleve una identificación si la necesita;

✓ No lleve nada que pueda ser un arma;

✓ Si ICE le enfrenta, no le mienta a una persona de la ley, pero no diga de dónde es usted;

✓ Si es arrestado, no firme nada y exija ver a un abogado;

✓ No hable con desconocidos en su vecindario que pregunten por personas que conoce;

✓ Mantenga las puertas de su casa y vehículo cerradas;

✓ No abra una puerta a menos que esté seguro de quién está en el otro lado

✓ Considere instalar una mirilla y cadenas de seguridad en su puerta;

✓ Tenga en cuenta con quién se asocia; no quiere estar en una foto con personas equivocadas

✓ Tenga cuidado de crear o usar elementos relacionados con pandillas, incluso si es por diversión

✓ Piense antes de publicar cualquier cosa en las redes sociales

✓ No visite amigos / familiares si tienen una orden de inmigración para su arresto (deje que ellos le visiten)

✓ Verifique a sus amigos y familiares para saber quién está en riesgo

Remember

Advertencia

Do this

Memorize

No llamar la atención es importante mientras usted trabaja en su proceso de documentación. Una vez que sus documentos se envían a Inmigración/corte, y tiene su aviso de recibo, está más seguro. Es casi imposible hacer su documentación mientras está detenido. Durante este tiempo con Trump como presidente, debe tener mucho cuidado. Si Ud. sigue nuestras sugerencias y está al tanto de lo que le rodea, puede superar esto.

Capítulo Diez

Trabajando en los Estados Unidos: sus derechos

"Señor. Orador, nuestra nación depende del trabajo de los inmigrantes, y espero que podamos crear un sistema de inmigración tan confiable como ellos ". Luis Gutiérrez

----

Lo que Ud. va a aprender:
- ✓ Sus derechos como empleado, legal o no
- ✓ Comprender la verificación de antecedentes (E-Verify)
- ✓ Discriminación laboral en su contra

Palabras para saber

Seguro de compensación para trabajadores: esta es una ley estatal que requiere que todos los empleadores tengan un seguro especial que pague por cualquier lesión de sus empleados mientras están en el trabajo. Este seguro debe cubrir a todos los empleados y contratistas.

Derechos del empleado y compensación del trabajador

Es común que algunos empleadores se aprovechen de un inmigrante indocumentado. Sin embargo, cada persona, documentada o no, tiene los derechos de los trabajadores en los Estados Unidos. Mientras que muchos empleadores se salgan con la suya, muchos otros han ido a la cárcel por violar sus derechos. Cuando se trata de derechos laborales, una persona indocumentada tiene casi los mismos derechos que un ciudadano legal. No puede ser discriminado por un problema físico, su etnicidad, su religión, edad o sexo. Sin embargo, es contra la ley en los Estados Unidos contratar a una persona indocumentada. Para muchos empleadores es tentador contratar a una persona indocumentada porque saben que están dispuestos a hacer un trabajo que los estadounidenses no están dispuestos a hacer y que son confiables. Es una ley que, si lo contratan, no pueden simplemente despedirlo porque usted no está documentado. Deben usar otra razón.

Por ley, los empleadores deberían tomar impuestos de su salario. Como empleado, puede trabajar hasta 40 horas a la semana. **Si trabaja más de 40 horas en una semana, le debe pagar tiempo y medio, es decir 1.5 veces su salario normal. Esa es la ley en los Estados Unidos.** Si le pagan por la pieza, como por la canasta, aún debe pagarle el salario mínimo más las horas extras. Sin embargo, si usted es un trabajador agrícola, su empleador solo debe pagar el salario mínimo. No tienen que pagarle horas extras.

En los Estados Unidos en 2018, el salario mínimo es de $ 7.25 por hora. Algunos estados y ciudades tienen un salario mínimo más alto. Por ejemplo, en la ciudad de Seattle en el estado de Washington, el salario mínimo es de $ 15 por hora. En Colorado en 2018, el salario mínimo por hora es de $ 10.20. El salario mínimo por hora es más bajo para los trabajadores que reciben propinas como en un restaurante.

Compensación del trabajador:
como empleado, su empleador paga la compensación del trabajador. Es un seguro especial que, si se lesiona en el trabajo, el seguro pagará por su lesión. Se requiere que cada empleador tenga un seguro de compensación para los empleados, documentado o no. Es probable que no le paguen por estar sin trabajar mientras se recupera, pero legalmente deben mantener su puesto a su disposición, para que pueda volver al trabajo una vez que haya sanado. No pueden obligarle a trabajar si el médico le da una nota a usted que dice que necesita descansar hasta que haya sanado. El médico proporcionará un documento que indique cuánto tiempo necesita descansar.

Si su empleador lo obliga a trabajar cuando se lesiona y amenaza su trabajo, están violando sus derechos. Por ley, sus derechos están en un póster en la pared en el comedor de la compañía o cerca del reloj de tiempo en inglés y español. Si no está allí, pregunte por una copia en el departamento de contratación. En cada estado, estas leyes pueden ser ligeramente diferentes.

Si se niegan a ayudar, comuníquese con su Experto en Inmigración y solicite una referencia de un abogado especializado en derechos de los empleados.

Verificación de antecedentes (E-Verify)
El gobierno de los Estados Unidos creó un programa que ayuda a los empleadores a identificar tarjetas falsas de Seguro Social llamada E-Verify. En general, en pocos minutos, el empleador puede determinar si una tarjeta de seguro social no es real y lo acepta o rechaza. Sin embargo, debido a que los estados establecen la mayoría de las leyes de empleo, un estado puede decidir si requieren que los empleadores de ese estado utilicen el programa. Los estados que requieren que todos los empleadores privados usen E-Verify incluyen:

- ✓ Alabama
- ✓ Arizona
- ✓ Georgia (para compañías de más de 500 empleados)
- ✓ Tennessee
- ✓ South Carolina
- ✓ North Carolina
- ✓ Mississippi
- ✓ Utah

Hay otros estados con variaciones de la ley. En estos estados, las compañías privadas no están obligadas a usar E-Verify, pero si requieren que agencias gubernamentales o ciertos contratistas la utilicen. Consulte un sitio web al final de este libro que le dará un mapa de las leyes en cada estado.

Si bien el propósito de E-Verify es reducir el número de trabajadores indocumentados en los Estados Unidos, la mayoría de los empleadores ignoran el programa. Un estudio reciente encontró que incluso en estados como Arizona que requieren verificación, solo el 50% de los empleadores hacen el control. Parece que los empleadores están dispuestos a correr el riesgo de contratar personas indocumentadas porque son confiables. Si lo rechazan de un trabajo porque no aprobó E-Verify, es probable que otro empleador en la calle esté dispuesto a correr el riesgo si creen que es confiable.

Discriminación laboral (en su contra)
La discriminación viene en muchas formas. Discriminación significa que un empleador se niega a brindarle una oportunidad o servicio debido a quién es usted (de dónde viene, el color de su piel, un problema físico de usted, su religión, sexo o edad). La discriminación ocurre al buscar trabajo, trabajar en un trabajo, alquilar o comprar una casa, obtener crédito, por ejemplo. La discriminación en los Estados Unidos es más a menudo debido al color de su piel.

Un empleador discrimina si él / ella:
- ✓ Le pide más documentos que otros para completar su formulario 1-9 de elegibilidad de empleo
- ✓ Dice que solo contratan ciudadanos estadounidenses incluso si tiene una tarjeta verde o un permiso de trabajo
- ✓ Le despide por mentir sobre su estado de indocumentado (no pueden)
- ✓ Le ofrece menos que el salario mínimo
- ✓ Te paga menos que a otras personas por el mismo trabajo porque eres indocumentado

Puede presentar una queja con un abogado y, si su caso es probado, posiblemente recolecte dinero a través de una demanda judicial. Si esto le sucede alguna vez, contacte a su Experto en Inmigración y solicite una referencia para un abogado de compensación laboral. Si no tiene un Experto en Inmigración, comuníquese con un servicio local de inmigración sin fines de lucro y solicite una referencia.

Consejos para recordar:
- ✓ Por ley, un empleador debe pagarle el salario mínimo de $ 7.25 por hora y 1.5 veces la tarifa si trabaja horas extras.
- ✓ La ley dice que se le pagará el salario mínimo hasta 40 horas por semana y 1.5 veces el salario mínimo por las horas extras que trabaje. Hay algunas excepciones, como en las granjas y el trabajo como contratista.
- ✓ Si Ud. es herido en el trabajo, su empleador debe tener un seguro de compensación para el trabajador que cubra el costo de su lesión.
- ✓ Su empleador no puede despedirle si descubre que usted es indocumentado.
- ✓ Si le rechazan para un trabajo porque el número del seguro social tuvo un problema, encuentre otro empleador potencial.

Conclusión

Haciendo este libro mejor

La sala más grande del mundo es la sala de mejora,
Helmut Schmidt

Nos gusta esta frase porque representa nuestro libro. Si bien creemos que hemos investigado y escrito el libro más exhaustivo para inmigrantes hasta la fecha, hay margen de mejora. Y ahí es donde usted nos puede ayudar. El último capítulo trata de ayudarnos a mejorarlo. El mayor desafío con la ley de inmigración es que cambia constantemente, al igual que las tácticas que usa la policía para detener y deportar a la gente

Comenzamos este proyecto hace casi un año a partir de una conversación con un nuevo cliente que ingresó a la oficina. Ella había gastado más de $ 8,500 y tres años con un abogado y no había recibido nada por su inversión. No tenía idea de lo que el abogado estaba haciendo por ella, cuál era su estado y cuáles eran sus posibilidades. También pasamos muchas noches en nuestro restaurante mexicano favorito en Colorado y ganamos la confianza de los empleados. Nos contaron historias espantosas de ICE que circulaban por las calles de su comunidad solo para asustarlos y cómo la gente se retiraba a sus casas para esconderse. Pensamos que tenia que haber un libro sobre inmigración escrito en el lenguaje cotidiano para la persona promedio. Este libro ayudaría a las personas a comprender el proceso de inmigración lo suficiente como para hacer preguntas y ofrecer ideas cuando hablen con un Experto en Inmigración. Escribimos la segunda mitad para ayudarlo a comprender cómo sobrevivir estos tiempos difíciles hasta que un sentido de cordura regrese a nuestro gobierno.

Cuando hicimos nuestra investigación, nos dimos cuenta de que la ley de inmigración es lo que una persona llamaba "Japanese Paper Fan". Cada forma en que lo abres se ve diferente. Esa es la verdad sobre todos los casos en inmigración; su caso es diferente de los demás. Para dificultar el proceso, lo que funcionó el año pasado en la ley de inmigración no tiene que funcionar este año. Mientras escribíamos este libro, se convirtió en una rutina diaria leer todas las últimas noticias y anuncios de inmigración. A menudo, tendríamos que retroceder y volver a escribir secciones para mantenerlo actualizado. Mientras escribimos esto hoy, un tercer juez bloqueó el intento del presidente Trump de terminar con DACA. Dio a Trump 90 días para escribir una razón justificable para finalizar DACA o abrir el programa a nuevos participantes. Veremos.

Cada cuatro a seis meses actualizaremos este libro. Haremos las actualizaciones más importantes disponibles en nuestras publicaciones de blog en:

https://migrationresearchers.wordpress.com

Mientras tanto, aprenda a esconderse y a no llamar la atención, y superemos esto hasta que el gobierno establezca leyes de inmigración sensatas.

QUEREMOS SUS HISTORIAS

Queremos sus comentarios. Por favor escríbanos en inglés o español y cuéntenos su historia. Recuerde, no usaremos su apellido o estado donde vive. Mantendremos la confidencialidad de los datos personales. Si tiene alguna inquietud, deje su apellido y dirección.

Sin embargo, escríbanos y denos sus experiencias en nuestro blog o por carta. Trabajemos todos juntos para hacer que este libro sea mejor para todos. Específicamente, estamos buscando:

✓ ¿Usted o alguien que conoces tuvo un encuentro con ICE y violó sus derechos? Cuéntenos su historia. Podemos incluirlo en nuestro blog o en la actualización del libro. Su experiencia podría ayudar a otros a saber qué hacer.

✓ Si usted o alguien que conoce tiene un encuentro con ICE, ¿qué hicieron? ¿Tienes una historia que puedas compartir sobre un truco que jugaron?

✓ Durante su detención, ¿cómo fue tratado? Los abogados están demandando a los centros de detención por los malos tratos a las personas.

✓ ¿Qué pasa con el juez, si no te trataron con justicia? cuéntanos sobre eso

✓ ¿Un abogado de inmigración o un notario te cobró dinero y no hizo nada por ti? ¿Qué te dijeron?

✓ Si tiene alguna historia sobre su experiencia con la policía, inmigración, abogados, empleadores o cualquier persona en general que pueda ser útil para las próximas ediciones del libro, escríbanos.

Recuerde, si usted fue víctima de un delito por cualquier persona y eso incluye a las personas mencionadas anteriormente, podría calificar para una visa U.

Comentarios finales:

El expresidente Ronald Reagan es citado diciendo: "Recibí una carta justo antes de dejar el cargo de un hombre. No sé por qué eligió escribirlo, pero me alegra que lo haya hecho. Él escribió que puedes ir a vivir a Francia, pero no puedes convertirte en un francés. Puedes ir a vivir a Alemania o Italia, pero no puedes convertirte en alemán o italiano. Pasó por Turquía, Grecia, Japón y otros países. Pero dijo que cualquiera, desde cualquier rincón del mundo, puede venir a vivir a los Estados Unidos y convertirse en estadounidense ".

Lo que hace que los Estados Unidos sean grandiosos son los inmigrantes que vinieron aquí arriesgando todo por una vida mejor y más segura. Los Estados Unidos son geniales hoy porque podemos soñar y si trabajamos duro, tenemos éxito. La era de Trump viene y va. Mientras tanto, esperamos que sigas trabajando aquí trabajando en tus documentos de Inmigración o que ya te hayas documentado. Y, esperamos que continúes contribuyendo al éxito de los Estados Unidos y sigas haciendo que Estados Unidos sean grandiosos.

Migration Research LLC
P.O. Box 941
Flagstaff Arizona 86002-0941

Email: info@migration-research.com
Blog: https://migrationresearchers.wordpress.com

Respuestas comunes a las preguntas sobre la inmigración

(Lo que realmente deberías saber)

Introducción:
Hemos desarrollado una lista de las preguntas más comunes relacionadas con Inmigración. Hemos simplificado la redacción para que todos puedan entender los significados. Tenga en cuenta; solo un Experto en Inmigración calificado puede brindar asesoría legal ya que cada caso es diferente.

¿Puedo viajar sin estar documentado?
Si tiene una identificación válida, como un pasaporte de cualquier país, es seguro viajar en avión, tren o autobús en los Estados Unidos. Eso es a menos que esté a menos de 100 millas de la frontera o su vuelo va fuera del país (al extranjero). Si viaja, no tenga ningún documento falso con usted.

¿Puedo viajar mientras estoy en procedimiento de inmigración?
Sí, puede viajar a cualquier parte del país con una identificación válida, como un pasaporte. Debe conservar una copia de su carta de inmigración más reciente. Los niños menores de 18 años no necesitan identificación. No puede salir de los Estados Unidos hasta que obtenga el estado de residencia permanente (tarjeta verde). Recuerde, no debe perderse ninguna fecha de la corte, así que, si viaja, mantenga el tiempo fuera de su hogar al mínimo hasta que haya obtenido su estado.

¿Puedo solicitar asilo aún si estoy en los Estados Unidos ilegalmente?
Sí. Puede solicitar asilo independientemente de su estado

migratorio. Si no está en proceso de deportación, puede solicitar el Asilo afirmativo incluso si ha estado en el país por más de un año si tiene una buena historia sobre por qué no presentó la solicitud. Por ejemplo:

✓ Traumatizado por lo que le sucedió en su país de origen
✓ Usted fue incluido en otra aplicación, pero fue denegado
✓ Contrató a un abogado, pero él o ella no completaron su solicitud a tiempo

Si se encuentra en un proceso de deportación, tendrá la posibilidad de solicitar el Asilo Defensivo, CAT o Suspensión de la Deportación, consulte el Capítulo Tres.

¿Cómo puede afectar mi aplicación el conducir ebrio o la violencia doméstica?

En el América de Trump, prácticamente CUALQUIER ofensa puede ser una razón para ser deportado usted. Inmigración le deportará a usted a menos que tenga una buena razón, como por ejemplo haber sido víctima de un delito en los Estados Unidos o temer por su vida si es devuelto a su país de origen. Si hay cualquier condena, comuníquese con un Experto en Inmigración para encontrar una manera de reducir o eliminar el cargo. Una decisión de la Corte Suprema en abril de 2018 hizo más difícil deportar a la gente por delitos menores.

¿Qué pasa si no cambio mi dirección con inmigración cuando me mudo?

Con Trump, hay poco o ningún perdón. Perder una cita en la corte, se le expedirá una carta de no aparecer. Se convertirá en un aviso automático de deportación que rescindirá su caso. Cuando esté en el proceso, mantenga su dirección actualizada. Su Experto en Inmigración puede hacer eso por usted, o puede hacerlo usted mismo. Debe imprimir el formulario "Cambio de dirección A-11" del Internet o hacerlo en línea. Si se encuentra en un proceso judicial, también debe informar al tribunal de su cambio de dirección. Debe ir personalmente a la corte local y completar el documento para un cambio de dirección. Debe hacer una copia de este documento y enviarlo a la Oficina del Jefe de Asesores (ICE). Su corte local le dirá cómo. Más adelante en este capítulo describimos cómo cambiar su dirección.

Tengo una orden pendiente de expulsión y deportación, ¿debo ignorarla?
Eso depende de ti. Si abandona voluntariamente el país, puede solicitar el estatus legal de nuevo en el futuro. Sin embargo, si está al tanto de una orden de deportación y no sale dentro de la fecha indicada en la carta, si lo detienen, podría ser prohibido volver a entrar en los Estados Unidos por diez o más años.

¿Qué pasa si vuelvo a los Estados Unidos después de haber sido deportado?
Si usted es detectado, Inmigración lo deportará inmediatamente a menos que pueda convencer a los oficiales de que su vida corre peligro si es devuelto a su país de origen. Si no tiene una buena razón, será deportado y recibirá una prohibición permanente para volver a ingresar.

¿ Puedo solicitar una tarjeta verde si estoy en los Estados Unidos con una visa de trabajo?
No puede hacerlo a menos que se case con un ciudadano de los Estados Unidos o un miembro de su familia cercana lo solicite a usted, o puede solicitar asilo. **Ver el Capítulo Tres.** En algunas circunstancias, su empleador puede solicitarlo si tiene habilidades que no se encuentran con los trabajadores estadounidenses.

¿Puedo incluir a mi cónyuge e hijos en mi solicitud (Asilo, U-Visa o VAWA)?

Sí puede. Si solicita asilo o solicita una visa U, puede incluir a sus hijos solteros o su cónyuge. Si eres menor de edad, también puedes incluir a tus padres (U-Visa). Si presentó una petición de VAWA, podría incluir a su hijo soltero. También si uno de sus hijos es víctima de abuso, Ud. puede calificar para la solicitud de VAWA. **Ver el Capítulo Tres.**

¿Qué pasa con el dinero que pagué al seguro social cuando era indocumentado?

Desafortunadamente, no puede reclamar nada del dinero que ingresó en el Seguro Social mientras usaba un número falso.

Cuando no está documentado, ¿por qué necesitaría un número ITIN?

Le ayudará a recibir un reembolso de impuestos por los impuestos que pagó al gobierno. También puede proporcionarle créditos fiscales para sus hijos menores de 18 años y que viven con usted. Tener declaraciones de impuestos también demuestra un buen carácter moral para propósitos de inmigración.

¿Puedo mudarme a un estado diferente mientras estoy en un proceso judicial?

No es aconsejable pasar a un nuevo estado mientras se está en un proceso judicial. Si por razones importantes decides hacerlo, tienes dos opciones:

1) Se puede mudar pero continuar sus procedimientos asistiendo a audiencias y entrevistas en el estado anterior viajando de ida y vuelta, pero eso puede ser costoso. Sin embargo, no se olvide de informar al departamento de inmigración y a la corte sobre el cambio de su nueva dirección. Tenga en cuenta el tiempo y los costos de viaje.

2) Petición de cambio de lugar: es una aprobación por escrito del juez para transferir su caso a un tribunal en su nuevo estado. Un Experto en Inmigración puede hacerlo, pero le cobrará hasta $ 1500. Si desea ahorrar dinero, vaya al tribunal en su estado anterior y solicite un formulario de "Moción para cambiar el lugar". Complete este formulario con una declaración por escrito que indique el motivo por el que desea cambiar el lugar. Por ejemplo, quiere estar cerca de su familia en el nuevo estado; o más posibilidades de ganar dinero, son razones. Envíe el formulario y su declaración a su antiguo tribunal, y una copia debe ir a la oficina del Jefe de Asesores (ICE) en su estado anterior. A continuación, recibirá una notificación de concesión o denegación de esta moción. Si planea mudarse pronto, haga esto lo antes posible.

Las desventajas de un cambio de lugar:

a) Recibirá una nueva fecha en la corte que podría demorarse un año o más.

b) Si solo ha presentado recientemente su solicitud de asilo y está esperando que pasen los 180 días antes de ser elegible para un permiso de trabajo, el reloj de 180 días se detiene cuando el juez concede la moción para cambiar de lugar. El reloj comienza de nuevo en la próxima fecha de audiencia en el nuevo estado. Demorará su permiso de trabajo.

Si ya he presentado una solicitud de asilo, ¿puedo agregar a mi cónyuge e hijos más adelante?

Hacerlo no sería bueno ya que su reloj de **180 días se detendría** y se establecería en cero hasta su próxima audiencia. Cualquier cambio detendrá tu reloj. Si ya ha cumplido los 180 días requeridos o ya ha archivado o recibido su tarjeta EAD, entonces no afecta su permiso y el reloj de asilo.

¿Cómo puedo saber si he alcanzado los 180 días necesarios?

✓ Si estás en un proceso judicial: Por teléfono: llame al número 800-898-7180 y siga las instrucciones en inglés o español. Es un sistema automatizado con todo tipo de información, incluido su reloj.

✓ Si está en Asilo afirmativo: usted o su Experto en Inmigración recibirá un aviso de recibo de Inmigración. La fecha de recepción está en el aviso. A partir de esta fecha, contarás 150 días. En ese momento, puede enviar su solicitud para su tarjeta EAD. Recuerde, después de 150 días puede solicitar su permiso de trabajo. Después de 180 días, usted es elegible para recibir su permiso de trabajo.

¿ Puedo cambiar a mi Experto en Inmigración mientras estoy en un proceso judicial?

Sí, puedes, pero te costará tiempo y dinero. Su nuevo Experto en Inmigración tendrá que presentar una "moción para substituir abogado", o su abogado anterior tiene que presentar una "moción para retirar". En este caso, su nuevo Experto en Inmigración necesitará acceder a su expediente. Recuerde: conserve una copia de su archivo. Si no lo tiene, solicite una copia a su antiguo Experto en Inmigración.

¿Qué sucede si mi solicitud de Asilo es denegada en la entrevista afirmativa de asilo?

Si no está de acuerdo con la denegación, Inmigración transfiere su caso a un juez de inmigración. Recibirá una fecha de audiencia en la corte y una segunda oportunidad para probar su caso en la corte. Si el juez de inmigración niega su solicitud, puede apelar tres veces más en los tribunales superiores. El proceso puede tomar 3-4 años. Mientras tanto, puedes trabajar en los Estados Unidos. Debe tener un Experto en Inmigración para todos los procedimientos, ya que es complicado y costoso. Le permitirá ganar tiempo, y las leyes sobre inmigración pueden cambiar ya que el presidente

Trump no estará presente para siempre. Otra posibilidad, la partida voluntaria: después de que el juez niega su solicitud, usted firma una partida voluntaria. La inmigración le dará 60-120 días para preparar su partida. Como no tiene una "orden de deportación" en su registro, puede volver a presentar la solicitud en el futuro.

¿Puedo ser deportado antes de presentar una apelación en caso de asilo denegado?
Tendrá 30 días para presentar una apelación de esta decisión.
Si pierde la fecha límite, está sujeto a la deportación.

DACA
Preguntas y respuestas comunes

Si inmigración aprobó mi solicitud bajo DACA, ¿soy elegible para la autorización de empleo?

Sí. Bajo las regulaciones existentes, si recibió una notificación diferida, puede obtener una autorización de empleo.

Bajo Trump, ¿puedo renovar mi DACA y autorización de empleo?

Sí. Puede solicitar una renovación de su DACA. Inmigración revisa las solicitudes caso por caso. Si la Inmigración renueva su caso, recibirá DACA por otros dos años, y también un Permiso de Trabajo para ese período.

Como beneficiario de DACA, ¿podré viajar fuera de los Estados Unidos?

No, en este momento, el Gobierno de Trump ha cancelado las peticiones de viajar al extranjero para DACA.

Si he sido declarado culpable de un delito grave, una ofensa menor grave o múltiples delitos menores, ¿perderé mi estado DACA?

Sí. Si es declarado culpable de un delito grave, un delito menor significativo o tres o más delitos menores que no ocurran en la misma fecha y que no surjan del mismo acto, omisión o esquema de mala conducta, perderá su estado y probablemente será deportado.

¿Qué pasará con la información sobre las aplicaciones de DACA?

La política de inmigración es que no compartirá información sobre un solicitante de DACA o los miembros de la familia del solicitante con ICE a menos que la persona haya cometido un delito grave.

Si Trump termina exitosamente el programa DACA, ¿seré deportado?

En primer lugar, es poco probable porque tres tribunales diferentes han concluido que su decisión no es constitucional. Eso significa que solo la Corte Suprema o el Congreso pueden decidir. Sin embargo, incluso si lo lograra, lo más probable es que los destinatarios de DACA no sean deportados rápidamente. Es por la mala atención a través de los medios de comunicación y la necesidad de centrar la atención en las personas que han cometido crímenes de verdad.

TPS
Preguntas y respuestas comunes

Si obtengo TPS, ¿puedo viajar dentro y fuera del país?
Sí, si sigues las reglas cuidadosamente y hacerlo te puede
ayudar si originalmente llegaste sin documentación. Lo mejor
es leer TPS en el Capítulo Dos. Debe tener cuidado y tener su
documentación en orden. Puede usar el formulario I-131
(aplicación para Viajes) para salir del país y luego volver a
ingresar. Una reentrada se considera una entrada legal. Eso
puede ayudar más adelante en una petición familiar.

**Tengo TPS, ¿puedo solicitar que mis parientes vengan a los
Estados Unidos?**
No, tener TPS no le permitirá traer miembros de la familia.
Tendría que ser titular de una tarjeta verde, y como uno, solo
podría traer a sus familiares más cercanos (cónyuge e hijos).

**Con TPS, ¿por cuánto tiempo será bueno mi permiso de
trabajo?**
Una vez que reciba TPS, también puede recibir un EAD o
documento de autorización de empleo. Caducará al mismo
tiempo que su estado de TPS. Inmigración lo extenderá
automáticamente por seis meses cuando el presidente anuncie
la renovación del programa TPS para su país. Si su empleador
cuestiona su estado, solicite a su Experto en Inmigración una
copia de la extensión del país. O puede descargarlo de
internet. Hemos proporcionado un enlace al final de este libro.

**Si me otorgan TPS y puedo trabajar legalmente para un
empleador de EE. UU., ¿Ese empleador me puede patrocinar
para obtener una tarjeta de residencia?**
Sí, pero no para todos los trabajos y el proceso puede ser
largo, difícil y cuesta dinero. La aprobación se reduce a su
nivel de educación y habilidades únicas. Debe obtener una

Certificación Laboral para probar que ningún ciudadano tiene las habilidades para hacer el trabajo.

Si Inmigración niega mi solicitud de TPS, ¿puedo apelar?
Sí, pero eso supone que su caso no fue denegado debido a una felonía u otro problema de seguridad nacional. Debería presentar una "Moción para reconsiderar" (I-290B). Sin embargo, no intente hacer una apelación por su cuenta. Necesitas un Experto en Inmigración para que te ayude en esto.

Significados de las palabras legales comunes

A menudo, escucharás ciertas palabras que no entiendes el significado. Intentamos insertar las palabras más técnicas al comienzo de cada capítulo. Aquí están otra vez más varias que puede escuchar de su Consultor de Inmigración o en el Tribunal.

Adjudicate/Adjudication: Para tomar una decisión formal sobre un caso. Revisión de inmigración de su solicitud para determinar si usted es elegible para ese beneficio de inmigración:

Admissibility: El proceso para determinar si puede ingresar legalmente a los Estados Unidos.

Alien: Cualquier persona que no sea ciudadano de los Estados Unidos. Un Alien es cualquier persona que vive en los Estados Unidos que no tiene un pasaporte de los Estados Unidos. Incluye los titulares de la tarjeta verde

Alien Registration Number or Alien Number(A-Number): Un número único de siete, ocho o nueve dígitos asignado por el Departamento de Seguridad Nacional (Inmigración).

Asylee: Un ciudadano extranjero que vive en los Estados Unidos o llega a un puerto de entrada que no está dispuesto a regresar a su país de nacimiento y desea buscar protección por temor a ser perseguido por motivos de religión, nacionalidad, pertenencia a un determinado grupo social o político.

Beneficiary: Un inmigrante patrocinado por un familiar o un negocio. Un "beneficiario principal" es un inmigrante nombrado en una solicitud de inmigrante o no inmigrante. Un "beneficiario derivado" es un familiar inmediato (hijos o hija) del beneficiario principal.

Biometrics: Los procesos utilizados para identificar a las personas en función de sus características físicas, incluidas las huellas dactilares, la exploración ocular, la fotografía y la firma.

The burden of proof: Un requisito para presentar evidencia para respaldar un reclamo que haya realizado. Por ejemplo, si usted afirma que podría sufrir daños si regresara a su país de origen. El tribunal puede exigirle que pruebe ese reclamo.

Conditional resident: Cualquier inmigrante que tenga el estatus de residente permanente condicional. Por ejemplo, si se casó con un ciudadano de los EE. UU. o con una persona que tiene tarjeta de residencia, y recibió una tarjeta verde, su estado será "condicional" durante dos años. Si ha mantenido la relación durante ese período, puede solicitar su "Residente Permanente".

Credible Story: Una historia de un temor creíble para obtener, por ejemplo, asilo en los EE. UU.
DACA: Un programa lanzado en 2012. Protege temporalmente a las personas que fueron traídas a los Estados Unidos por sus padres cuando eran niños

Department of Homeland Security (DHS): Departamento de la rama ejecutiva del gobierno de los EE. UU. Departamento de seguridad nacional

I-94: Documento de llegada-salida.

Inadmissibility: No se le permite ingresar legalmente a los Estados Unidos u obtener una visa basada en actos o conducta pasada.

IRS: Los servicios de rentas internas: una división del gobierno de los Estados Unidos cuyo trabajo es recaudar impuestos y emitir reembolsos.

ITIN: Número de identificación individual del contribuyente: emitido por el IRS, la división de impuestos del gobierno de los Estados Unidos que permite que las personas sin un número de seguridad social paguen impuestos

Lawful permanent resident (LPR): Cualquier persona que no sea ciudadana de los Estados Unidos y viva en los EE. UU. legalmente. También conocido como "extranjero residente permanente", "titular del permiso extranjero residente" y "titular de la tarjeta verde".

Permanent Resident Card (Form I-551): También conocida como Tarjeta Verde o tarjeta de registro de extranjeros, esta tarjeta es emitida por Inmigración a inmigrantes como evidencia de su estado legal en los Estados Unidos.

Port of entry: Cualquier ubicación a lo largo de una frontera internacional designado como un punto de inspección. Todas las oficinas del distrito y los centros de servicio también se consideran puertos porque son lugares de entrada para inmigrantes que ajustan su estatus de inmigrante.

Pro-bono: Un abogado que decide encargarse de un caso sin cargo.

Provisional waiver: Un perdón para las personas que de otro modo son inadmisibles se les permite permanecer en los Estados Unidos en base a la demostración de dificultades extremas a miembros familiares ciudadanos o residentes permanentes de los Estados Unidos . El perdón le permite a la persona regresar a los Estados Unidos después de la salida para una entrevista de visa de inmigrante en una embajada o consulado de los Estados Unidos en el país de origen del inmigrante.

Reject (en comparación con la denegación): cuando la inmigración determina que una solicitud no puede ser aceptada para la admisión y el procesamiento porque carece de un requisito básico (por ejemplo, una tarifa o firma obligatoria).

Removal: La deportación de un extranjero de los Estados Unidos.

Temporary protected status (TPS): Una condición temporal aplicada a ciertas personas que viven o visitan los Estados Unidos debido a las condiciones en su país que les impiden regresar de manera segura.

UAC : Niño extranjero no acompañado: una persona menor de 18 años que ingresa a los Estados Unidos sin padres o tutor legal.

U.S. Citizenship and Immigration Services (USCIS): Una agencia federal en el Departamento de Seguridad Nacional que supervisa la inmigración legal a los Estados Unidos.

U.S. Customs and Border Protection (CBP): Una agencia del Departamento de Seguridad Nacional que es responsable de prevenir la entrada ilegal de personas y productos y al mismo tiempo que permite viajar y comerciar legalmente

También son conocidos como los guardias fronterizos

U.S. Immigration and Customs Enforcement (ICE): Un brazo del Departamento de Seguridad Nacional de los EE. UU. cuyo trabajo es hacer cumplir las leyes federales que rigen el control fronterizo, el comercio y la inmigración.

USCIS Number: Igual que un "Número A". Un número único de 9 dígitos asignado a un no ciudadano por el Departamento de Seguridad Nacional. Está en el frente de Tarjetas de Residencia Permanente.

Sitios web (Websites) y números de teléfono útiles

Escribimos este libro para minimizar la necesidad de usar Internet. Sin embargo, para aquellos que deseen obtener más información sobre cómo documentarse más allá de lo que ofrece este libro, aquí hay una lista de nuestros sitios web favoritos con una breve descripción de cómo pueden ayudarlo. También hemos incluido números de teléfono útiles.

Para niños que cruzaron la frontera sin sus padres y aún tienen menos de 18 años: Centro de Recursos para Niños no Acompañados: https://www.uacresources.org/

Qué pasa en el tribunal de inmigración. Que esperar en su audiencia en la corte:
https://www.youtube.com/watch?v=bj26uKz74cc

Una organización nacional que ayuda encontrar un abogado con buena reputación: http://www.ailalawyer.com/

Una lista actualizada de los departamentos de policía locales que trabajan con ICE/ Inmigración: https://www.ice.gov/287g

Este sitio del gobierno le dirá el estado de una persona. Debes saber su número A, nombre, país de nacimiento y fecha de nacimiento: https://locator.ice.gov/

Buscando un estado que emite una licencia de conducir a personas indocumentadas:
http://www.ncsl.org/research/immigration/states-offering-driver-s-licenses-to-immigrants.aspx

Sitio web del IRS para el formulario ITIN W-7:
https://www.irs.gov/pub/irs-pdf/fw7.pdf

El gobierno de los Estados Unidos tiene una lista de abogados de inmigración gratuitos y de bajo costo por estado.: www.justice.gov/eoir/list-pro-bono-legal-service-providers-map

Un sitio web que ayuda a las personas a encontrar la oficina de servicios de inmigración sin fines de lucro más cercana: https://www.immigrationadvocates.org/nonprofit/legaldirectory/

Un gran recurso que ofrece información adicional sobre sus derechos y cómo encontrar un abogado de confianza: https://www.informedimmigrant.com

Mapa de estados con varias leyes de E-Verify: http://www.trackercorp.com/everify-legislation-map.php

Un sitio web del gobierno que proporcionará la información más reciente sobre el estado TPS de su país. Seleccione "Países actualmente designados para TPS:" https://www.uscis.gov/humanitarian/temporary-protected-status

La mayor organización nacional hispana de derechos civiles: http://www.nclr.org/

United Dream es el sitio juvenil más grande para indocumentados y DACA. Encontrará información sobre cómo prepararse y cómo convertirse en legal: https://the Unitedwedream.org/

INFORMACIÓN DE CONTACTO DE INMIGRACIÓN PARA USCIS
1-800-375-5283

Inmigración o "USCIS" proporciona un número de teléfono (en español o inglés) que puede utilizar para conocer varios asuntos relacionados con su estado migratorio. Es principalmente un servicio automatizado, lo que significa que no hablas con una persona. Sin embargo, las personas están disponibles para ayudar con sus preguntas durante ciertas horas. La parte automatizada está disponible las 24 horas del día. Antes de llamar, tenga todos los documentos que recibió de inmigración delante de usted junto con su número de recibo (busque el número en su carta de USCIS).

Este servicio te permitirá: Actualizaciones en su aplicación existente - Impreso en la carta La inmigración que le enviaron es un "Número de recibo". La grabación le dará detalles tales como su estado actual y la fecha de su próxima audiencia.

Cambio de dirección: las personas a menudo se mudan, y mientras se encuentra en procedimientos de inmigración, es extremadamente importante para la Inmigración saber cómo contactarlo para avisos de citas. Los abogados a menudo le cobrarán $ 50 por su tiempo para cambiar su dirección. Aquí puedes hacerlo gratis. No olvide que también tendrá que cambiar su dirección en los tribunales locales.

Ubicaciones de la oficina de inmigración: si se mudó recientemente o está buscando la ubicación para su cita de biometría, este servicio puede ayudarlo a encontrar la oficina.

Corte "Automated Case Hotline"
1-800-898-7180

Siga las instrucciones e ingrese el número A. La grabación automatizada (disponible en inglés y español) le dirá:

- ✓ La fecha, hora y lugar de su próxima audiencia;
- ✓ Cualquier decisión emitida por el Tribunal de Inmigración;
- ✓ El estado o la disponibilidad de las apelaciones;
- ✓ Otros plazos relevantes.

Crímenes calificativos que podrían conducir a una Green Card

¿Es víctima de algún delito en los Estados Unidos o de cualquier abuso en su país que podría poner su vida en peligro si fuera deportado? Pregúntate si has sido víctima de alguna de estas descripciones a continuación:

- **VAWA:** Batería o crueldad extrema perpetrada por un cónyuge, padre, madre, hijo o hija mayor de edad ciudadano o residente de los Estados Unidos

- **U Visa:** Violación, tortura, tráfico, incesto, violencia doméstica, abuso sexual, contacto sexual abusivo, prostitución, explotación sexual, acoso, mutilación genital femenina, ser rehén, servidumbre involuntaria, tráfico de esclavos, secuestro, encarcelamiento falso, chantaje, extorsión, manipulación de testigos o fraude

- **T Visa:** Tráfico sexual o laboral El tráfico sexual requiere un elemento de fuerza, fraude o coacción a menos que el sobreviviente de trata sexual sea menor de 18 años, El tráfico laboral incluye el reclutamiento, el alojamiento, el transporte, la provisión u obtención de una persona para el trabajo o los servicios, mediante el uso de la fuerza, el fraude o la coacción con fines de servidumbre involuntaria, peonaje, servidumbre por deudas o esclavitud

- **SIJS:** Abandono por los padres, abuso, negligencia o una base similar bajo la ley estatal.
  No es en el mejor interés del niño ser devuelto al país de origen

o **Asilo:** Persecución o un temor bien fundado de una persecución futura basada en la etnicidad, religión, nacionalidad, membresía en un grupo social particular u opinión política

Sobre el autor

Yo también soy inmigrante. Llegué a los Estados Unidos en 2015 de Europa porque me casé con un ciudadano de los Estados Unidos. Nos casamos en los Estados Unidos en 2014 y rápidamente nos dimos cuenta de que seguir las leyes tal como están escritas significaba que debía volver a Europa y llevar a cabo el proceso de petición de matrimonio. A menudo, la inmigración mirará hacia otro lado cuando uno se casa en los Estados Unidos con una visa de turista; pero hacerlo también se considera "fraude de visa". Dado que no queríamos infringir ninguna ley, fuimos a Alemania y vivimos de nuestros ahorros mientras esperábamos los nueve meses que demoraron para completar el proceso. Fue costoso y difícil a pesar de que nuestro caso se consideró simple. En comparación, mi esposo tardó apenas 30 días y 100 euros en recibir su "tarjeta verde" europea.

Mi primera experiencia en los Estados Unidos fue en el estado de Colorado. De todos los trabajos que podría haber tomado, terminé en inmigración. Tuve suerte ya que terminé trabajando para uno de los abogados de inmigración con más experiencia y talento en el estado, Sandra Saltrese Miller. Ella fue mi mentora, y pude sumergirme profundamente en el mundo de la inmigración. La mayoría de nuestros clientes eran de América Latina, India, Irak y Kenia. Todos eran familias honestas y trabajadoras que huyeron de sus países por temor a la persecución. Fueron forzados a dejar su hogar, familia y amigos. Ya es bastante difícil comenzar una nueva vida en un nuevo país. Es aún más difícil cuando no hablas el idioma o no entiendes el sistema. Créame, lo sé, y hablo el idioma.

Cuando era niño, me enseñaron sobre América en la escuela. Aprendimos sobre el "crisol" de sociedades de todo el mundo que formaron este gran país. El maestro dijo que era un país de inmigrantes y oportunidades. El éxito llega a aquellos dispuestos a trabajar duro y arriesgarse. Historias como "Del lavaplatos al millonario" fueron ejemplos de lo que nos enseñaron. También aprendí sobre mi historia; la historia de la Alemania Nazi.

Por lo tanto, a medida que pasa el tiempo con este nuevo gobierno de Trump, me ha resultado fácil comparar lo que sucedió en mi país de nacimiento. En Alemania, la guerra comenzó con los judíos, aquí comienza con los inmigrantes. En ambos lugares, las personas comenzaron a racionalizar el odio y la discriminación para justificar su tribalismo.

Hace dieciocho meses, llegué a casa una tarde frustrado por varias conversaciones que tuve con clientes. Los abogados con los que estaban trabajando les dejaron poca información sobre su caso y luego les cobraron tarifas exorbitantes. Iban a casa temiendo que ICE los estuviera buscando. Mi esposo Andy asumió que había un libro para ayudar a las personas indocumentadas a responder preguntas simples. Para su sorpresa, no fue así. Reconociendo la necesidad, hace poco más de un año, comenzamos a escribir este libro.

Ha sido un largo y estresante viaje de investigación, redacción y reescritura. Para complicar las cosas más, personas del gobierno de Trump cambian continuamente las reglas que requieren actualizaciones constantes. Incluso cuando publicamos este libro, están en marcha nuevos cambios. Nos comprometemos a informar a las personas sobre los cambios en nuestro blog y a actualizar este libro cada seis meses y posiblemente antes.

Estoy seguro de que usted ya lo sabe; este libro no le enseña cómo documentarse, le enseña cómo prepararse, cómo hacer las preguntas correctas con su Experto en Inmigración, cómo no ser estafado y cómo evitar el ICE mientras tanto.

Para aquellos que lean esto, que son ciudadanos o residentes que quieren involucrarse: hemos hecho el mejor trabajo posible para escribir un libro que sea fácil de entender. Pero incluso con este conocimiento, navegar el sistema de inmigración es difícil. TU puedes ayudar:

- **Si necesita a alguien que necesita ayuda, lea este libro y ayúdelo a explicar sus opciones. Recuerde, NO les está dando consejos. Solo un abogado puede hacer eso**
- **Ayúdalos a encontrar un buen experto en inmigración con los consejos que ofrecemos**
- **Lea el Capítulo Ocho y ayúdelos a desarrollar un plan**
- **Revise cada capítulo con sus familias**
- **Encontrar maneras de correr la voz a través de reuniones o eventos de la iglesia. Enseñe a todos cómo estar preparados**

Para hacer que los Estados Unidos sean aún más grande de lo que son, debemos avanzar, no a los tiempos que una vez destruyeron mi país. Los Estados Unidos todavía son el crisol de nuestro mundo, así que mantengámoslo de ésta manera .

Sabine Wiesemeyer

Notas

Notas

Notas